不一样

别怕和世界

Don't be afraid of being different from the world

丁菱娟 著

北京联合出版公司
Beijing United Publishing Co.,Ltd.

图书在版编目（CIP）数据

别怕和世界不一样 / 丁菱娟著. —北京：北京联合出版公司，2016.7

ISBN 978-7-5502-8116-5

Ⅰ. ①别… Ⅱ. ①丁… Ⅲ. ①人生哲学－通俗读物 Ⅳ. ①B821-49

中国版本图书馆CIP数据核字（2016）第152960号

版权登记号：01-2016-3568

别怕和世界不一样

作　　者：丁菱娟
出版统筹：精典博维
选题策划：曹伟涛
责任编辑：李　征
装帧设计：博雅工坊·肖杰　程海林

北京联合出版公司出版
（北京市西城区德外大街83号楼9层 100088）
北京航天伟业印刷有限公司印刷·新华书店经销
字数110千字　880毫米×1230毫米　1/32　7印张
2016年7月第1版　2016年7月第1次印刷
ISBN 978-7-5502-8116-5
定价：35.00元

目录 别怕和世界不一样

Part 02 放胆去闯，别怕和世界不一样

Part 03 态度正确，职场眉角也要顾好

【自序】

献给心中有梦、不想人生留白的你

“如果你现在做着我八十岁都能做的事，你要青春做什么？”第一次读到马云说的这句话，我感觉很震撼。我在想，如果自己年轻的时候看到这句话，会不会更有勇气去做些什么事。现在，我到大学去演讲的时候，也喜欢问年轻人：“你要青春做什么？”

回头看青春这件事，觉得岁月总爱跟我们开玩笑。大家都说“青春无敌”“青春无价”“青春只有一次”，但是正在经历青春的人，不会特别感觉到青春的存在。青春对年轻人而言就像空气、水一样自然，醒过来就有的，好似取之不尽，用之不完。唯有失去的人才能体会它的美好。所以，歌颂青春的恐怕都是开始失去青春的人。但若年轻人能早点体会这件事，青春，或许可以无悔，可以更勇敢。

所以我会问：到底什么是二十岁能做、八十岁不能做的事？同学会说，骑单车环岛、高空弹跳、一个人的旅行、多结交新朋友……都对。那什么是八十岁能做、二十岁也能做的事？同学又说，看电视、打麻将、喝茶聊天……如果是这样，那不就是应该在二十岁的时候赶快去做八十岁做不动的事，而八十岁也能做的事就慢慢来，不用急着现在花这么多时间做。年轻就应该走出去，去当背包客也好，去骑单车环岛也好，去挑战百岳也好，不论创业或去选择自己有兴趣的事去做都好，反正心里有任何梦想，就去尝试，这些都是你人生的战绩，成功的、失败的，都变成丰富的经历。这些“经过”可以让你变得成熟又谦虚，成为更独立自主、负责任、能解决问题的人。

给自己的梦想一次机会。我庆幸自己在年轻的时候就有“憨胆”。因为想赚钱，专科与大学时代就不停打工，卖唱片、写剧本、当场记、做配音、到旅行社做票务小妹、到西餐厅唱歌，只要有赚钱的机会，我都不放弃。有什么比赛可以拿奖金的，我就去报名，金韵奖就是因为这样误打误撞给撞了进去。有空的时候去参加社团活动，合欢山等野外活动也参加不少。总之，我的青春很青涩、很懵懂，但也很丰富，这些都是孕育我的养分。

这些年我在大学教课，看着一群即将面临就业的莘莘学子，心中的惶恐、担忧更甚我当年。他们觉得这是个闷经济的社会，机会不多，没有未来。很多人只想安全着地，找份安稳的工作。但我想说，每个时代都有每个时代的困难，也有每个时代的机会。这个时代，因特网改变了人类的生活，就不是我们那个时代可以想象得到的机会，多少年轻人因互联网而创业成功。所以不要只看困境，要看机会。无需抱怨，公平的是，每个人的青春只有一次，尽情挥洒，给自己的梦想一次机会。不冒点险，尝试实现自己的梦想，那要青春做什么？就算跌个狗吃屎，也可以快速转身，优雅地站起来。

虽然我已豁然走出我想要的人生，中间也曾跌跌撞撞，如果重来一次，我会回去告诉当时的自己：“丁菱娟，你可以再勇敢一点，勇敢去问，对于不懂的；勇敢去寻找，对于心中的渴望；勇敢去尝试，对于想做的事；勇敢说不，对于勉强的要求。可以的话，去找一位信任的人生导师，让他指引你、提醒你，或许可以早点豁然开朗。有时间的话多阅读，这个好习惯会帮助你安定，找到人生的解答。你是独一无二的，放手去创造自己的人生吧！”

现在，我正在尝试过好第三人生。离开职场后，仍觉得眼前有无限的可能正在展开，虽然已到了可以退休的年纪，但我的心情仍像年轻时一样，希望再挑战一些自己没做过的事。

这一两年来，常跟大学生、职场新人在一起，感受到年轻人的焦虑、对前景的彷徨。同时，我也常跟创业家在一起，感受到他们的热血。两者最大的不同就是，一般年轻人还在摸索自己喜欢什么，创业家已经走在为梦想付出的道路上了。能够早点立下志向和目标，的确是件愉悦的事，少一点犹豫，少一点彷徨，心定了，专注了，自然容易有成就。

我持续写作、持续观察职场年轻人，把这些观察和故事写下来，对照我的年轻岁月，心想，如果年轻人能够有个人生导师是多棒的一件事啊，那么人生就可以少一点颠簸，多一点坚定。倘若这本书能够扮演一点点导师的角色，在你人生某一个时刻，有缘遇见某一篇故事而让你有点改变，我想，很值得了！

这本书，献给心中有梦、不想人生留白的年轻人，不论在学或在职。

Part 01

没有行动，就永远不会有答案

就业好还是出国留学好？

最重要的是心要坚定，决定了，就不要再犹豫不决、瞻前顾后。世上没有完美答案，只有选择一条路，走了之后，才知道到底对不对。

我在校园演讲时最怕的就是碰到大学生问我："老师，我毕业后到底是出国留学好，还是马上就业好？"他们眼睛睁得大大的，好像我的答案就是他们的救赎。

其实这是个危险的问题，若不了解当事人的背景、个性、兴趣、梦想、家庭经济，如何能给答案。万一给的答案与他所能承担的背离，而他听了你的建议结果却一无所成，你也要背负责任。所以问这样问题的人本身就没想清楚问题的本质。

毕业后投入就业有其优点，早早进入社会，早早学习职场专业，累积经验。出国留学也有出国留学的好，趁年轻出去见识，变得有国际化视野，回来眼界开了，做事也不一样。只是，很多人将金钱、时间和未来薪资报酬作为衡量值不值得的标准，再怎么精算也有人算不如天算的时候。所以只要自己承担得起，就勇往直前吧。

有人先投入职场抢先机，工作得神采奕奕，有人继续念书，人生也有亮丽表现。不论选择为何，横竖都是自己必须历练的人生。只有自己去闯，去经历，去快乐，去挫折，才能验证走的这一步是不是当初想要的。

别人给的答案，不论是鼓励你还是阻止你，都只是别人的判断，你的人生没有另一个人可以负责。或者，你心里大约有了选择，只是希望有人替你说出来，你要的只是一个担保而已。如果是这样，倒不如说出你的渴望及担忧，找个聪明一点的朋友帮忙分析建议就好。

最重要的是自己的心要坚定，决定了，就不要再犹豫不决、瞻前顾后。大部分的选择都是“好坏打包在一起”，利与弊往往一体两面。否则你早就知道如何选择了，不是吗？所以不可能有一个完美答案，只有选择一条路走了之后，才知道这个答案到底对不对。况且，同一时间轴只能做一件事，无论选择哪一条，都不可能回到原点走另一条，再来作比较。很多人说悔不当初，早知道就如何又如何，嘴巴虽然这样说，结果也只能证明你现在过得不好。

如果硬要我给个答案，我真的建议同学大学毕业后到社会上历练一阵子，然后考虑再回到学校继续深造，尤其是文科和商科的同学。因为经过职场的历练，你会发现自己是不是真的想回校园，是不是还选择原来想念的那个科系。先做然后知不足，更清楚自己想要念什么，或是根本就很享受职场带来的成长。社会大学终究会给答案的，也会激发出你心里真正的渴望。

到底该先投入职场还是继续念书？其实，人生的选项不只这两项，况且哪个先哪个后都看当时的状况，说不定求学过程刚好有机会降临，你像比尔·盖茨一样中途辍学创业去了也说不定。所以，人生没有行动，永远不知道答案是什么，光想无法成就梦想。人生是一道道开放式的选择题，没有完美解答。先问问自己想用什么去换什么吧。

先投入，才能找到方向

不知如何选择的时候，不如先投入现有的或是目前可以得到的工作。想要摆脱迷惘，厘清自己是否擅长某件事时，投入去做就是一个必经的过程。

虽然我在很多的场合中，鼓励年轻人一定要找到自己最有兴趣与擅长的事去做，然后坚持地投入一段时间就可以看得到成果。但许多初入职场的人眼神中都露出了迷惘，问我如何找到自己喜欢的事。我的答案是，若你还不清楚自己擅长什么，那就从工作的经验中寻找，唯有透过行动在做中学，你才有可能在学习的过程中了解自己喜欢什么、擅长什么。

还在摸索的年轻人，倘若心还不定，不知如何选择的时候，倒不如先投入自己现有的或是现在可以得到的工作，因为光用想的跟实际做的还是有一段距离。譬如你觉得自己喜欢音乐，一旦音乐变成了工作，可能就不是那么好玩，也可能充满压力。想要摆脱迷惘，厘清自己是否擅长某件事时，投入去做就是一个必经的过程。

其实，找到自己真正有兴趣的事并不简单。我们从青少年或大学时期开始，借着不同课程及学科，大致知道自己喜欢什么、不喜欢什么，却没有意识到这可能就是发掘兴趣的启蒙。

我在读书时，就发现数学和理化是我最头痛的科目，一来老师说什么我听不懂，二来念得也痛苦，但是一上文学或是艺术的课程我就超有精神。那时候文学院毕业很难找到好工作，对自己很没信心，以为文学一点用处都没有，所以完全没往文学相关的工作去找，还好进了职场后慢慢体会出这个以为是弱点的文学，才是我与众不同的地方。所以绕了一圈，终于找到自己真正擅长的公关工作。从组织的轮调中，我才明了文学的底子帮我在工作中写出好文案，感性思考，在营销路上发挥所长。

除了少数从小有父母或长辈引导的幸运儿很早就找到自己的兴趣，很少有人是一开始就知道自己要什么或是想从事什么，因此大学毕业仍在迷惘的人也还很多。兴趣有时是从经验而来，因为你接触了、知道了，所以才开始有兴趣。与其想破头等待有兴趣的事，倒不如先将遇到的第一份工作做好，这过程可以让你清楚商业的世界、组织的角色，若能用心投入，终会明白什么才是适合自己的工作。

像我走到公关这条路上也不是事先规划好的，当时公关还是很新鲜的领域，少人接触。因缘际会进了企业，公司有这样的职位，我从广告企划转调公关企划，进而对它产生兴趣，从做中学，慢慢有了经验，累积专业，变成我终身愿意奉献的领域。

所以，年轻人迷惘可视为一个过程，但要尽量缩短这个过程。还没决定要投入哪个产业或职务之前，就让机会来找你吧。任何你遇到的可能职务，只要有机会成长，有机会学习，不要排斥，先做了再说。很少有人第一份工作就找到梦想中的职务，人生职涯总有几个转换的机会，慢慢靠近自己的兴趣就是一件快乐的事。

有时候做了，仍然还迷惘，也有可能是不够投入，不投入自然享受不到果实。若你工作的心还不安定、不专注，那么好的事务也不会被你碰到。根据统计，能够早一点下定决心选择哪一条路的人比较容易成功，因为毕竟比别人少浪费时间，已经朝自己的目标跑在路上了。

掌握发言权

这年头不要以为默默做事、谦虚礼让就够了。好人不见得会出头，懂得把握机会、创造被看见机会的人，才能在职场的战局中胜出。

最近，一位很优秀的职场女性主管找我聊天，提及她很困扰的一件事，就是公司内部不太了解她所领导的部门，甚至可以说是不重视。

在某次重要的会议上，当她被其他主管问到有关部门绩效时，她竟然没有发言为自己的部门辩解，因此感到懊悔万分。我问她为什么不说，她说因为当时在座都是很资深的人，碍于权威，她不确定自己回答的话是不是得体或正确，所以没有发言。后来当她想说时，已经进行到另一个议题了，所以她就这样自责，好多天都睡不好。

她反省，可能是个性使然，老是觉得自己不够好，很没自信。就算已经做到八十分，还是只看到自己缺的二十分，而不是已经很棒的八十分。就算现在靠自己努力拼到外商主管的位置，仍然充满危机感，压力很大。她认为，或许是自小父母管教严厉，总是斥责她努力不够，很少称赞她，所以长大后总觉得处处不如人。

我可以感觉到，她是很努力才坐上主管位置的，因此更在意别人的看法。这件事让她懊悔不已，但我说错过时机就错过了，唯一可以补救的方法是，在会后一二天内补个邮件给与会的相关人士，表达观点及说明，当作会议记录的补充，若是连这个时间都错过的话，就别再想这件事了。最重要的是，要学到下一次当事关自己或团队权益的时候，在该说话的时候一定要握住麦克风。

许多人或许都有这样的经验，该说的没说，错过了回不去。说话是一种艺术，不管你有多害怕、有多难，当麦克风递到你的面前，就是你拥有发言权的时候，大家看着你要如何反应。沉默就表示放弃权利，别人怎么想怎么看，只能是别人的自由，这是一种很糟的经验。如果你一时想不出来说什么，可以技巧性地说："这件事我需要一点时间思考，等我厘清之后，会跟大家报告。"

或是你也可以技巧性地说没听清楚，请当事人将问题再说一次，为自己多争取一些思考的时间再回答。有时候只是因为时间不够，需要整理一下思绪再响应而已。

不要以为默默做事、谦虚礼让就够了，这只是证明你是好人而已。好人不见得会出头，懂得把握机会、创造被看见机会的人，才能在职场的战局中胜出。最吃亏的就是，明明有一百分的实力与成绩，别人却只看见二十分。如果你是抱着"为善不欲人知"的念头就罢了，可是往往职场的竞争是谁的能见度高，谁的资源就拿得多。特别当你是部门主管时，又更加重要。能见度低，拖累的不只是你自己，还有部属，你的部门会越来越不受重视，士气低落。

害怕发言，不如先做足准备。重要会议前该说什么，别人可能会问什么，稍微准备一下，应该八九不离十。会议通常都有主旨及出席名单，你应该要搞清楚自己参加这个会议的目的，以及扮演的角色。在会议里，我们不见得要抢着发言，但是当麦克风递到你面前，或被点到名，那就是你的舞台，不论如何，不要放弃。没错，抓住麦克风说话时间到了。

够努力，也要勇于争取

怀才不遇的确是件痛苦的事，但你得先证明自己是如假包换的“才”。真钻石的光芒无法被掩盖，早晚会被发现。

万达集团总裁王健林说:“不要跟我说你怀才不遇，怀才就像怀孕一样，时间久了，就会被发现。”这句话讲得令人拍案叫绝。

很多年轻人抱怨主管识人不当，没有看到他的天分，真是有眼无珠。如果你遇到一位有眼无珠的老板，可能是你倒霉。但是如果你连续几个工作遇到的都是有眼无珠的老板，抱歉，那可能是你的问题，不是老板的问题。

“怀才不遇”的情节，天天都在办公室上演。若自觉能力够，那么务必设法争取表现机会，将能力变成可评估的数字。好比一年拿了几个案子，贡献多少营收，或是有效促成跟谁的合作案……说出事实，让老板知道你在做些什么。有时候是你太害羞，总是躲在一角默默工作，期盼主管应该眼睛雪亮看见你的努力，但事实是机会渺茫。这年头你不为自己争取，便可能注定要被埋没了。

或许你真的运气不好，遇到心胸狭隘的主管，不让你大放光芒，或遮掩了你的光芒，也或许老板私心真的很重，刻意培养自己的亲戚或爱徒。倘若你几次争取都得不到善意的响应，那就请不要客气，大方去寻找自己的伯乐，无需抱怨，以免浪费宝贵青春！你若是钻石，光芒是无法被掩盖的，早晚会被发现的，因为市场上有一堆伯乐张大眼睛在找千里马呢。

怕的是自我感觉太良好，不知道自己在他人的眼中根本还不到位，而你却已经想登高一飞了。怀才不遇的确是件痛苦的事，但你得先证明自己是如假包换的“才”啊。譬如在工作上交出好成绩，擅长解决客户的问题，让他人喜欢跟你合作，成为老板不可或缺的左右手……倘若做到这种程度，还无法得到老板认可，那么去问问他，你还有什么可以改进的，说不定他可以讲出一箩筐，那表示你没有想象中那么好。也或许他说：“没有啊，很好，继续做。”那你就再问他，既然不错，有无机会及何时可以升迁，承担更大责任？这样你会更清楚老板是不是在乎你。

倘若工作也换了，几次努力还是觉得自己怀才不遇，无法实现梦想，或许你有企业不适应症，可能不适合当人家的部属，可能想自己做主。那么，倒不如尝试创业看看，验证自己是不是真的被埋没了。正好，社会也需要有梦想的创业家。

认真工作，但不卖命

企业固然应该要制定员工加班的工时，员工也要负责任地管理自己的健康。不“过劳”，需要个人有意识地管理，包括身、心、意三方面。

偶尔看见媒体上有某某企业员工过劳死的新闻，此时舆论就开始挞伐该企业血腥、压榨员工。其实，这样的指控也不尽公平。

企业固然应该要制定员工加班的工时，但员工也要负责任地管理自己的健康，因为只有自己最清楚当下的身体状况和心理状态。你不举手求救，没有人会知道你快倒了。事关生命，绝对不能隐忍。

随着科技的演进，网络、数字、通信更是十倍速地前进，商业竞争变得更快速、更直接，工作与生活越绑越紧，很难分开。上下班时间的界定只成了参考，我们的心理时钟却是时时刻刻惦记着公事。拜手机的发展，每个人的行踪也变得无所遁形。客户耐性越来越低，一个邮件、一通电话发出去，就要“马上”“立刻”得到响应。我一位同事因为在开会，一个小时后回电话给客户就已经被骂到臭头。“耐性”大概是现代人最缺乏的素养吧！现在通信软件里，还可显示“已读不回”的讯息，也成了人际关系里重大压力来源之一，这些都是加速职场紧张的张力。

台湾是全世界上班工时最长的地区之一，但是大家都很宿命。广告或公关代理商相较于客户很大的不同，就是时间的自主性较低。有的客户周五下班前来电交办事项，周一早上就希望看到报告，摆明了要你周末加班。可能是客户也同样在极大的压力之下，老板要他限期交结果，他只好来压迫代理商，代理商只好去压下游厂商，好像生物链。然后大家也习惯了这样的要求，变成了一个不健康的循环。

如果我们懂得关照自己，也愿意将心比心，给他人一些喘息空间，或许可以共同创造健康的工作环境。我曾经写信呼吁客户，每个月最后一周的星期五不要指派任务，选一天作为快乐工作日。也提醒员工要能有效率地工作，做好时间管理。休息，才能走更长的路。如果这些基本尊重可以形成共识的话，职场环境就有办法改善。

其实，不“过劳”需要个人有意识地管理，包括身、心、意三方面。然而很多年轻人不懂得照顾自己，有些人忙到没时间上厕所，有些人没吃早饭，中饭跳过，晚饭变成消夜，身体有状况又强忍，最后不出问题才怪。现代人压力越来越大，很多来自于工作时间的不节制，加上心灵紧绷所致。如果老是隐忍压力，加上心灵脆弱，不够成熟，又不懂得舒压，这些心理的失衡自然转嫁到身体。要认真工作，但不要卖命。你不关心自己，没有人会关心你。

衷心期盼大家都善待员工、同事、合作伙伴与家人，也善待自己的身体，有警讯一定要举手，寻求协助。健康快乐工作这件事，企业、客户、员工三方都要努力。我期盼看见，未来的职场环境是一个健康、快乐、相互尊重的景象。

做一百遍就是专家

专注的确是一种力量，终其一生只把一件事做好，你就是专家。只要选定了方向，就值得坚持一段时间，做到有成绩为止。

很多人羡慕专家，终其一生都希望自己可以变成某个行业的专家，受到他人的尊重。专家代表着一个人在某个领域，知识与技能都有独到之处，可以解决问题，也让你更有自信心在市场立足。要成为专家其实不难，同样的事情你愿不愿意反复做一百遍，变成习惯就可以成为专家了。只不过，大部分人做不到。

学术上另外有个定义，就是“一万小时法则”。也就是说，你想要擅长某件事情，从平凡变成超凡，至少要花一万个小时，不断地实验和犯错，就可以成为某个领域的顶尖人物。这样换算下来，若每天工作八小时，一周五天，至少要花五年时间。所以，我预估在某领域专研五至十年，便可以成为顶尖专家。只不过很多人才做十遍，就觉得自己会了，不想再学了，于是职场上就充斥着“三脚猫”或是“半桶水”响叮当的人。

看看“台湾之光”吴宝春，可是花了二十年做面包才拿到世界冠军的。每天捏面团，做同样的事情从未放弃，面包在他手上已经变成他的一部分，该放多少重量，该捏揉多少下，该烘培多少分钟，已经变成直觉，一身绝技终于在世界面包大赛中脱颖而出。吴宝春妈妈说得好：“一条路直直走，傻傻地走，走久就通了！”专注的确是一种力量，终其一生只把一件事做好，你就是专家。

很多人问我为什么选择科技公关为创业的定位，其实原因很简单，因为我只待过科技公司，而且只擅长做文案与公关的工作，创业很自然地就是选自己最擅长且最熟悉的领域。然后，持续在这个领域及专长上花时间，累积客户。五年、十年过去，这些做过的事就帮我累积了信用和纪录，公司的名气自然提高，口碑相传，客户越来越多，而我也因为专注在科技公关领域耕耘，自身的能力与专业也藉由客户淬炼得更成熟、更敏锐。

其实在我创业之初，很多人不相信会成功，可是当我专注并持续时，我发现全世界的资源都朝着我累积。因为坚持代表着在乎与相信，别人也会被感染且愿意相信我、帮我。我记得当时很多新客户是这样对我说的："菱娟，我愿意给你一个机会，因为你服务的科技业客户最多，我相信你在这个领域应该是专业的。"当我聚焦一个又一个专案，心无旁骛地做，无形中就累积了很多产业知识与人脉。从客户身上学习是最快的成长方式。几年之后，时间会将你的经验累积为亮丽的成绩单，总有一天你会发现别人开始把你当专家了。

只要选定了方向，就值得坚持一段时间，做到有成绩为止。咖啡煮过一百杯就有可能是咖啡达人，拉面煮一百碗就有机会成为拉面达人。同样，公关案子做过一百个，你也可能是公关达人。可惜的是很多人做到第二十遍、三十遍或七十遍就放弃，所以成不了专家。

一百遍和一万小时法则讲的都是专注与持续的力量，当这两股力量加乘，不可思议的成果就自然出现了。一般人无法坚持，所以成不了专家。想在职场上拥有专业的能力，成为人生胜利者，至少你要有决心花五至十年的时间，同样的事情做一百遍以上，你才有资格被称为"专家"。

轻松不是工作的选项

职场的竞赛是马拉松，不是跑百米。眼前的轻松工作其实是在侵蚀你的竞争力。安稳使人胆小，害怕冒险，放弃梦想。

一位传播系的大学生在一场校园演讲中提问，有朋友建议他先到公关公司历练，最后再跳到客户端工作。我问为什么？这位同学倒是说得坦白，虽然到公关公司可以学到比较多的东西，但是当客户比较轻松。

我感谢这位同学的诚实，他的话的确道出了大多数年轻人的心声，也证实了公关产业的艰辛及流动率居高不下的原因，但是我也忧心大学生这种想法，只图轻松，不问学习，长远来看，没有灿烂的前途。

虽然我知道很多人到公关公司只是过客，到企业当客户的目标才是终点，但亲耳听到时还是有些惊讶。事实上，年轻人只看到了表象的轻松，没有看到最重要的经验与学习，是很危险的思维。因为职场的竞赛是马拉松，不是跑百米。眼前的轻松工作其实是在侵蚀你的竞争力。反而是那些一开始能够脚踏实地，努力学习，不计较薪资的新人潜力较大，能够先蹲而后跃，后劲十足。

如果年轻人向往的工作是以轻松为考虑，那恐怕要让人失望了。现在的工作很少有轻松的，就连公务人员，也都要战战兢兢地工作，来凸显自己的价值，才能保住饭碗，不被时代淘汰。现在也没有企业主是想请员工来轻松工作的。如果心里想的是如何轻松工作，那么你在职场上难免会怠惰、浑水摸鱼，工作表现怎么可能好？如果你已经设定公关公司是一个跳板，这样的思维会让你变成投机者，主管早晚会看破，不愿意再教导你、投资你。

工作没有快捷方式，只有证实自己的能力后，才有更大的机会和舞台。比利时曾经有一份杂志，调查六十岁以上的老人，问他们最后悔的一件事，其中占第一名的是，“年轻的时候不够努力，以至于一事无成”。第二名则是“选错了职业，错误不在选择了什么职业，而是选择了安稳”。安稳使他们胆小，使他们害怕冒险，躲在舒适圈，放弃自己的梦想。没有了压力也就没有了动力，没有了动力也就挖掘不出潜力，因而年老之后悔恨不已。

如果你不是诚心向往一个工作，不是真的对这个工作有兴趣，只是贪图舒服、轻松，这样的想法很危险，赶快删掉这个选项。因为你不会有动力在工作上全力冲刺，工作上难免会被动或拖延，或便宜行事。有这样的态度，其实再怎么工作轻松，也不会有表现及成就感，真正浪费的是自己的青春。所以千万要正视自己的生命，宁愿辛苦，也不要无成长，让自己成为后悔、遗憾的一群。

不要因为轻松而工作，它会让你丧志。找出你的兴趣、你的动力，找出你的渴望，唯有这些元素才能驱动你的热情。不畏挑战，全力以赴，生命最后会回馈给你一个丰富而不悔的人生。

年轻人该不该存钱？

储蓄的习惯应该慢慢养成，不在于多寡，而是培养正确的金钱观，以及未雨绸缪的观念。

曾经有企业家提出“薪水少于五万元别储蓄”的言论，由于现在刚毕业的年轻人很少薪资超过五万元（台币），引发社会大众及网友激烈讨论。这不是我想讨论的主题，我想讨论的是年轻人赚的钱该如何分配。

这位企业家的意思是，年轻人不必太节食缩衣，要把钱花在人际关系的拓展上，毕竟在薪资不多的状况下，怎么存也是小钱。我在某方面是赞成这样的论述的，只是在台湾地区十多年薪资不长进的情况下，谈到数字的确是很敏感，尤其家境状况不好的人，对于能花多少钱是非常介意的。

在我看来，两者都一样重要，既要储蓄，也要拓展人脉。假设扣掉日常开销，在没有养家的压力之下还有结余的话，的确在初期可以将薪水拿来投资人脉，与同事们聚聚餐、吃吃饭，让自己适应社交生活，反正真的也存不了多少钱，倒不如投资在自己的人脉上。我的假设是你有能力越赚越多，这些未来都赚得回来。的确，薪资应该随着经验与年资与日俱增。但是，刚毕业的新人对未来充满不确定感，听起来可能就很刺耳。

所以年轻人刚进入社会，到底薪水要达多少钱才该储蓄，我想这真的因人而异。譬如你一个月赚三万元，扣除必要开销已经捉襟见肘了，当然没有能力储蓄，也就不必储蓄。倘若能剩八千元，你可以决定要存八千元，或者先存三千元、其他五千元作为社交之用。储蓄的习惯应该慢慢养成，不在于多寡，而是培养正确的金钱观，以及未雨绸缪的观念。

有存款才能有胆，绝不要坐吃山空，每个月就等着领薪水。习惯当月光族的人，容易不快乐、不满足，最终是会影响人格，成为不负责任的人。

我建议，年轻人最好在工作的头两三年内存下二十万元。这二十万元可以救急，让自己有梦可以做。不要小看二十万的存款，这是一个基础，存了二十万元就有能力存四十万元、一百万元，然后完成梦想。我当年正是因为有四十万元，才敢出来创业。有些人因为有二十万元就敢于贷款出国游学或旅行，若加上长辈帮忙，或许还可以当作未来买房的自备款。

储蓄，绝对是个好习惯，越早养成越好，它会让我们不必求人，帮助我们渡过难关。

Part 02

放胆去闯，别怕和世界不一样

冒险趁年轻

太快进入稳定的工作，很容易磨掉人的梦想和意志。年轻人最不需要的就是找一份安稳、没风险的工作。

年轻人的创意与热情是未来经济的动能，台湾地区未来经济的希望更是要靠年轻人的创意和冒险来启动。就像三四十年前上一代留学生回台参与科技业一样，才有后来三十年的成长。

我曾看到一个电视节目在访问一位穷困打工的学生，问他如何打工，养活自己。年轻人说他需要打五份工才能勉强有一万五千元的收入，才够在台北生存，但他很遗憾没有能力改善父母的生活。接着主持人问他毕业后希望找什么样的工作，他回答要考公职，希望进入公家机关工作。主持人问为什么，他说这样比较有保障。我听了冒出一身冷汗。

一个急欲摆脱贫困的学生，如果只想要稳定的工作，那他很难有好的收入，自然也不能改善家里的生活。公职没有不好，但这位学生想的却是安稳和保障，一旦太快进入稳定的工作，很容易磨掉人的梦想和意志，不适合年轻人。一个想要摆脱命运，改善家里环境的年轻人，就应该要冒点险。他可以去企业历练，为自己累积专业和人脉，伺机翻身。他也可以创业。创业也可选不需要资本门槛高的领域，像网络创业就是年轻人最好的机会。年轻人最不需要的就是找一份安稳、没风险的工作。

我觉得有些人很矛盾，明明就是要赚很多钱，真正选择时，却去找一份安稳没风险的工作，这与你要到达的目标就是背道而驰了，不是很奇怪吗？我认为年轻人更需要有冒险的勇气，尤其是刚毕业的年轻人，没有包袱，机会成本低，效益高，没有什么好损失的，现在不冒险，待何时？等到中年了，拥有一定的基业，评估一下风险，就更失去勇气了。年轻冒险就算不成功，也可以学到一身本领与经验，人生的视野大不同。当今时代，最需要的就是冒险与创新的精神，这样才能为未来储蓄向上提升的能量。

很多上一代的创业家就是这样崛起的。我有一位朋友，年轻时家境贫困，时常在街头混，一直没有稳当的工作。后来因缘际会，他选择到大陆二线城市自行创业，现在已经是当地百强的企业之一。他说，当初若没有冒险的精神，愿意放手一搏，到别人不愿意去的乡镇打拼，不会有今天的成就。

冒险，真的趁年轻，因为摔得起！

还好我没有傲人的学历

随着时间的流逝，学历变得像装饰品一样，越来越不是主角，只能陪衬。现实的职场还是得靠实力加上态度，才有机会脱颖而出。

父母培养子女总是不遗余力，省吃俭用投资子女，只希望小孩挤进窄门、上名校，好像挂上了名校或是高学历的标签，人生从此一帆风顺。但是进入了社会我们才明白，高学历不代表高就业率，高就业率也不代表高职位保证，现实的职场还是得靠实力加上态度，才有机会脱颖而出。

刚进入社会的当下，大家都是一张白纸，高学历的确可以占些便宜，容易取得大公司的门票。随着时间的流逝，学历变得像装饰品，越来越不是主角，只能陪衬。最终会在职场出线的还是专业能力强、态度又好的人。

我发现，通常高学历的人比较容易骄傲，腰无法弯低。最后变得孤芳自赏或独傲江湖的人不在少数，态度反而输给学历较普通的人。那些没有名校光环、知道自己不是顶尖大学的毕业生，反而比较有危机意识。因为自知不如人，所以愿意努力或屈就低薪，抓住学习成长的机会，愿意接受挑战及尝试，慢慢累积经验和实力，一步步爬上来，为自己创造翻转的人生。

我自己也是一个五专生而后插班考上大学，求职的时候也曾经自卑。进入社会之后，发现社会大学是公平的，它总是给这些成绩不好但愿意努力的年轻人一条出路。如果我们愿意弯腰，不耻下问，认真学习，就会像宝石般越磨越光。

我在公关方面的专业，完全是进入社会后慢慢学习摸索出来的，当年学校是没有任何公关科系可读的。现在我很庆幸自己不是名校毕业的，没有骄傲的本钱，因此我养成了不好高骛远、务实的个性，甚至愿意接受不公平待遇的磨炼。就是这些磨炼，让我的人生拥有更多元的适应力。

很多刚毕业的新人，因为学历不好，充满自卑，想进大公司或大企业却不得其门而入。其实大可不必，因为供需问题，跨国大企业在资源丰富时当然优先录取名校高才生，这也没什么好埋怨的。当你是一张白纸、处于学历不如人的阶段，就不要在找第一份工作时硬闯，因为失败概率颇高。既然进不了大公司，倒不如改变策略，可以从相关行业或其他小公司开始磨炼，三五年后凭着经验和绩效再去应征心目中的大企业，就会有较高的录取概率。我发现，好多企业喜欢录取有相关经验、却无企业包袱的人进来融合公司文化，尤其是广告公关传播行业。

有时我在想，像我这样的人若一开始就应征奥美集团，可能早被拒绝，但是我走了另外一条路，从企业端的内部公关做起到自己创业，最后因缘际会与心目中的殿堂相遇。人生的际遇总是难料，在自己筹码和胜算较少的时候，真的不必跟大家去硬碰硬，不妨选择一条人烟稀少的小巷，反而柳暗花明又一村。

挫折要趁早

张爱玲说，成名要趁早，我却要说，挫折要趁早。年轻受挫承担得起，还有机会爬起来。

知名演员吸毒事件震惊了两岸，看似人生无虑的年轻人，已经拥有众人渴望的名和利，拥有别人努力一辈子都不可能得到的财富和名气，竟然因吸毒自断大好前程。

这类情节并不陌生。加拿大知名歌手贾斯汀、美国的小甜甜布兰妮，都是少年得志之后，连续出现反常脱序的行为，令歌迷心痛不已。于是有人不禁在想：为什么他们不珍惜这些得来不易的成就呢？答案可能就是：一切得来太容易了。

有的是富二代或星二代，他们的财富享受来自于父母，是与生俱来、无需努力的；有的成名太快、太突然，当所有的名和利不请自来的时候，怎么会觉得它可贵？难怪有人说，“千金难买少年穷”。少年穷让你有斗志、有目标，让你努力往上爬，让你有饥饿感，不断求生存，得到了你才会觉得那食物多甜美，那财富多有意义。它从你的生命中成长，你与它产生了联结，你是历经了跋山涉水才到这里，扎扎实实地知道它从哪儿来。最重要的是，你有感觉了。现在，大陆年轻人与台湾年轻人最大的差别就是这个饥饿感——对成功的饥饿感。

珍惜，需要一种心态。那心态需要一种过程的养成，是一种渴望被满足后的感激，一种努力后终于收割的感恩。如果你不曾经历过渴望及努力的过程成功就唾手可得，你怎么可能在乎那东西。所以有人说，如果在二十岁之前中了大乐透，其实是人生悲剧的开始。

人生缺乏奋斗目标是一件可悲的事，如果有一天突然有人把你用喷射机送到了山顶，请不要高兴，因为它剥夺了你欣赏沿途风景的机会，让你看不到山岚的美景。成名太快唯一的解药，就是找到愿意奋斗的目标。如果你有这个目标，那么名利这些东西就不会妨碍你的前进，你有自己既定的路径。这些礼物充其量就是礼物，不是全部。

虽然张爱玲说，成名要趁早，我却要说，挫折要趁早。年轻受挫承担得起，还有机会爬起来。挫折和苦难发生的时候，我们会觉得是人生不可承受之重，但是也可能是生命的一个契机。我们常说危机也是转机，如果愿意重新思考、追求一个崭新的目标，或许人生就变得有意义。吸毒的年轻艺人若愿意将此事化成正面力量，未来以自身案例现身说法，积极反毒，对年轻人的影响更大。

这个社会还是有温暖的，我们对于勇于认错、改过向上的年轻人包容度还是大的。这么年轻受挫折，若能从这里爬起，往后回首，才能体会原来挫折才是丰富生命的重要元素。

不当白目族

能不能跟主管相处得好，事关工作表现。风格喜好没有对错，了解老板的喜好，不是拍马屁，而是要帮助自己工作得更顺利。

主管风格真的有百万种，各有不同，没有所谓好不好，只有你和他对不对盘的问题。有的主管急惊风，没耐性，只听重点，没时间听你说细节。有些却巨细靡遗经常参与各种事务，细节一个也不放过。有的只过问特定事件，有的则需要经常性和正式的报告。就算报告形式也有所不同，有的喜欢找你来办公室口头报告，有的只要任何形式的文书报告。

能不能跟主管相处得好，事关工作表现，还有快不快乐，算是重要的一件事。如果你们风格相当，可能就工作愉快，反之则很挫折。譬如，若你是做事严谨的人，遇到详问细节的老板，可能让你很有成就感；若是遇到没耐性的主管，你可能觉得自己的努力和纪律不被重视而沮丧。为了让自己工作得快乐一点，事情进行得顺利一点，花点时间了解主管的工作方式与风格，避免某些特别的状况，不要让老板发狂，其实是职场重要的向上管理工作。因为发狂的人很少能就事论事，对你也没有帮助。

风格喜好没有对错，每个人都有自己的风格。了解老板的喜好，不是拍马屁，而是要帮助自己工作得更顺利。了解他的工作模式、说话方式、决策思考逻辑，用他喜欢的方式跟他沟通、报告，让自己的工作更顺畅，才是专业工作者该学的一门课。

我有一位外商企业家朋友很注意细节，每次看到同仁上台做简报的格式或是字体不一致的时候，他就眉头一皱，不想再听了，全公司都知道他这个习惯。但总有一两位白目部属，老是粗心大意，总是不做最后的校稿或再次确认演练，让这位企业家气得叫他下次不用再上台报告了。听说，那位同仁很委屈地说，这是小事，主管干吗发飙，而且是内部会议为什么要那么在意细节。他觉得大家之所以遵守都是为了拍主管马屁，根本不应该花时间在这上面。我觉得这位同仁太不聪明了。首先，他明知老板有这样的好恶，还我行我素，摆明了就是“白目一族”。其次，老板是他要报告的对象，也是他表现好坏的仲裁者，竟然如此轻忽以对，简直是自毁前程。

用老板熟悉的方式与他沟通，其实就是在帮助自己工作顺利。倘若连内部会议都不能养成良好习惯，还是随便行事的话，真正上战场的时候，难保不会发生状况。魔鬼总是藏在细节里。

对于重要的人，例如主管或客户，我们不妨学习调整自己，去适应对方。不是说不能“做自己”，只是暂时调整风格，等事情办完，依然可以恢复自己的状态。

懂得观察对方的喜好，然后把自己调整到与对方在同一个频道上，才是聪明人。

不必选边站

不用想左右逢源，也不必选边站，因为我们无法改变别人的想法。只要谨守一种立场，就是“专业”，就能让我们在纷争中立足。

在职场工作，我们都不希望介入客户内部的“政治”斗争。有时，仍不免被牵扯进来，就算不选边站，别人也将你列入某个派系，只因为你是某某人找来的厂商。

在这种状况下，就算刻意避免或疏离表态，恐怕有些人还是不相信。你越要撇清关系，有时反而越是伤了原来找你来的人。通常，我会建议项目人员不用想左右逢源，也不必选边站，最好是用“专业”去征服客户。正因为我们无法改变别人的想法，因此只要谨守一种立场，就是“专业”。在专业的考虑上该如何做就做，唯有专业这项因素能让我们在纷争中立足。

对年轻人来说，要学会察言观色，心思细腻，两面讨好，实在不容易。因此，最快且最好的方式是站在专业角度来响应。客户提出来的想法如果是对的，我们就附议；若对客户的要求有疑虑，就应该提出提醒与忠告。我们该做的就是从专业的角度发言，不要涉入讨好某一方人马。要注意的是，话术要软，让客户听得进去。相信久了之后，客户心中自有一把尺，他会判断你的专业和能力是不是可以帮他的工作加分。是的话，他会舍不得你离开；不是的话，你随时可被换掉。

曾经有位客户 C 君，从别的部门调过来接任前窗口 A 小姐的工作，摆明就很想把我们公司换掉，原因无他，只因他跟 A 小姐交恶，而我们是 A 小姐找来的合作伙伴，不是他的人马，他当然希望换成自己熟悉的厂商。于是在接手之后，他就着手查我们之前完成项目的流程与报告，试图从中找到破绽将我们换掉。我私下跟他谈："你随时都可以换掉我们，但是现在换代理商对你并不利。第一，新的代理商需要一段适应期，你也是新上任的，新的团队将增加你的风险。第二，我们因为服务贵公司一段时间，了解贵公司的文化，以及你老板的思维，初期这样的合作反而可以帮你。若我们表现不好，你再来解约，我没话说。"

他暂时被我说服，对我们而言就是想争取时间用专业取得他的信任。除了将之前做过的案子透明化地跟他解释并帮助他早日进入状况之外，我们没有催促他签长期合约，而是继续将手上进行的案子做好并随时对他更新。几个月后，他果然不想换代理商了，我知道我们已取得他的信任。合作的过程中，我们也尽量让他了解之前的运作模式，适应他的做事风格。慢慢的，他了解到我们的重要性，加上后续几个成功的案子，他便放下心，跟我们签下了长年的合作关系。

被误解或归类时，有时急着去撇清也没用，最好的方法是争取时间，用态度与专业征服客户。要让客户明白，我们非常乐于提供专业服务，但不包括"政治"与八卦。

不要自我感觉良好

自我感觉良好的人往往自以为是，趾高气扬，自我中心意识强烈，看不见别人的优点。真正能力强又成熟的人大多虚怀若谷，谦恭有礼。

虽然我常劝年轻人要有自信，勇于说出自己的观点，却也发现很多年轻人常有莫名的“自我感觉良好症”，总以为自己优于别人，优越感不自觉地显露出来，明明事实上还有一段差距。因此，如何学会谦虚并了解自己的不足，愿意弯下腰来脚踏实地地学习，成为年轻人需要学习的课题。

公司有位国外念书回来的年轻人，学历和家庭背景都不错，因为刚毕业，所以还是得和其他人一样从基层做起。一阵子之后，她感觉不满，认为自己学历傲人，为何没有被特别重视。于是向主管表明，妈妈觉得她从国外回来，又是硕士，应该可以选择更好的职位，而不只是做这样的工作，言下之意，大概希望主管可以看到她的“优秀”，而另行安排职位。主管告诉她，职场上只看能力高低，学历只是参考，请她拿出能力来证明自己的优秀。果然没多久她就请辞，另谋心中的“高就”。

另一位年轻人老是在小事情上犯错，屡劝屡犯。到最后主管忍无可忍，不想再当他的清道夫，于是找他单独谈话，希望他改进，但是他的反应让主管瞠目结舌。他认为，这些小事情或小细节根本不是问题，他的志向是要做大事的，所以只看大方向，这些鸡毛蒜皮的小事根本不值得一提，他觉得主管太小题大做了。对于这样的人，主管除了感慨年轻人实在自我感觉太良好之外，也警告他应当脚踏实地做出成绩了再谈，否则就请另谋高就，因为公司不缺指导大方向的人。这位员工果然摆出“此处不留爷，自有留爷处”的气势辞职走人，我与他的主管衷心祝福他。

自我感觉良好的人通常都是自信过度，以为自己行，事实却是不行。最糟糕的是他浑然不知，自我陶醉在象牙塔里，自我催眠得相当厉害。自我感觉良好的人因为看不清事实，所以就不知反省，实际与幻想的差距很大。别人恐怕帮不了忙，因为他们总觉得自己运气不佳，没遇到伯乐，是这些主管被蒙蔽了双眼，才没看到他这匹千里马。所以错永远不在他。

这样的人要让他从外层空间回到地球的唯一方法，恐怕是要让他们跌倒、挫折几回，才能使之真正意识到自己的不足。若能及早发现事实，了解现况，看到人外有人，天外有天，才有可能愿意卷起袖子，脚踏实地好好做事。

真正能力强又成熟的人大多虚怀若谷、谦恭有礼，绝对不会自我膨胀。自我感觉良好的人往往自以为是、趾高气扬，自我中心意识强烈，看不见别人的优点。这样的人又如何能融入团队？

现代的年轻人啊，当你老是说“我如何如何……又如何”的时候，也请欣赏一下别人的优点，有哪些是你没有的？当你看见了自己的“没有”，才能学到“有”。

坏牌也能玩出一手好牌

大家避之唯恐不及的事，你却可以做好，才能彰显自己的潜能，创造被看见的机会。

大家都喜欢过轻松的好日子，这是人性，所以职场上多的是浑水摸鱼、宠爱自己的人，少有人愿意自动接下挑战，挑吃力不讨好的事情做。

但是有时候，挑容易的、简单的，看似占便宜，却不见得吃香，因为好做的大家都会，无法凸显能力；倒是大家避之唯恐不及的事，你却可以做好，才能彰显自己的潜能，创造被看见的机会。

公司以前有一个公认超级难搞的客户，大家闻之色变。所以当要调整客户的负责窗口时，没有人自愿承接，最后有一位新进的员工说他愿意试试，大家都松了一口气，总算解决一块烫手山芋。这位员工一开始照样被客户骂得昏天黑地的，但是他一点也不以为意，总是甘之如饴，甚至告诉客户，还有什么需要改进的尽量说。说也奇怪，这位刁钻的客户骂声越来越少。有一次还破天荒地写信给我，赞美这位员工。我在月会上表扬了这位员工，每一位同事都对他赞叹不已。一年后他用最快的速度得到了升迁，接下来被主管赋予更重要的任务，我也对他刮目相看。

我私底下问他，为何可以如此忍受这位客户，他说得好："我想藉由他来训练自己，因为我是新人，要学习的东西太多，而同事、主管们都很忙，不见得有时间教我。客户只要不满意又愿意说，我就知道哪里需要改进。对我来说，他是我最好的教练。况且，如果大家都怕的客户，我却可以服务好的话，那么未来要转换到其他的客户，对我而言就容易多了。”

我非常欣赏这位员工的想法，也愿意给他更多的机会。因为他的影响，团队其他成员看待客户的态度也不一样了，像以前一样集体骂客户舒压的情况越来越少。团队的氛围变得正向许多，这位员工在顾问服务业中真是不可多得的人才。

我年轻时曾应征一个工作，面试官问我要选做秘书，还是业务助理，我当下选了助理工作，面试官非常讶异，因为在那个年代，秘书的工作轻松又高尚，助理工作辛苦又要打杂。他问我为什么，我回答说：“我喜欢跟一群人工作的感觉，秘书只服务一个人。”结果我被录取，顺利进入这家知名企业，原来秘书职务已招满，业务助理工作尚有缺额。数年后，公司计算机化，组织扁平化，第一个面临裁员的职务就是秘书，业务助理反而随着公司业务的拓展越来越重要，而我的表现也被看见，借着机会转调到自己较喜欢的企划部，真是因祸得福。

人生虽不见得都可以抢到好牌，但能够把别人不要的牌组合到自己的牌阵，靠自己的能力玩出一手好牌的人，才是场上真正有竞争力的人。

去留之间最忌拖拉

不论什么理由，要留还是走，想清楚，快快行动。要留，就调整好心态，再给自己一次机会好好表现；要走，就速速离开，或许还能觅得事业第二春。

这年头工作难找，找到工作后坚持更难。有时候是你不喜欢这个工作，所以度日如年，只为了一份薪水不得不忍耐。有时候是公司的组织人事物换星移，让你不如归去。更有时候是你自己遇到玻璃天花板，无法突破，想换战场让自己重生。

不论什么理由，要留还是走，想清楚，快快行动。要留，就调整好心态，再给自己一次机会好好表现；要走，就速速离开，或许还能觅得事业第二春。最糟糕的就是一直在去留之间拖拖拉拉、犹豫不决，徒然浪费青春，也浪费公司资源。

我之前有位员工一心想嫁个好老公做家庭主妇，虽然她很优秀，但不积极，工作从来就不是她的第一选项。男友外调到国外之后，她就无心工作，拖了一段时间决定辞职跟去，由于异地生活习惯不适应，加上恋情起起伏伏，没半年就回来工作。回来之后又悬念着旧情，因此工作表现一直无法突破，这样的情况前后延宕有四五年之久，最后两人终究分手。这就是在爱情中失去方向。无论工作还是爱情，果决一点，坚持自己的向往，至少还有一边会有所斩获。两边游移不决，反而优势尽失。

另外一个例子，是位很有企图心却遇到瓶颈的中阶主管，他的能力总是无法再上一层，卡在原位一段时间没能升迁，所以对公司有所抱怨。因为自尊心强，无法放下身段再次学习，后面优秀的部属又急追上来，他压力很大，于是对部属严厉苛求，以掩饰自己的不足，造成团队和组织的不和谐。他也是在这样的状况下，想走又不甘心，想留又充满埋怨，犹豫不决，拖累自己的前程，也拖累组织好一阵子，最后在主管劝导之下自行离职，留下不好的名声。

“食之无味，弃之可惜”是最残忍的一种状态，它会腐蚀掉你的机会。因为工作难找，大多数人都不敢轻举妄动，宁愿骑驴找马，但这样的心态是糟糕的，自己不快乐，没有热情，也得不到成长。就算骑驴找马，也要快刀斩乱麻，总不能一直骑着驴子又不专心找马，这样拖久了对双方都不公平。徒有好的马，没有好身手，恐怕也驾驭不了吧。

从一而终的工作已是天方夜谭，企业多半也不会对员工有此奢求。若能坦然面对每一次的工作机缘，专注地做下去，试着找出自己热情所在，享受工作的快乐、辛苦、挫折，反而能有丰富的体会与经历。投入，才能有热情；失去热情，也不会投入，此时就应该开始改变。改变，才有生路。拖延，增生的多是负面能量。

热情在职场上很重要。去与留，没那么难，想清楚之后，下决定而已。减少犹豫的时间，就会少一份煎熬，多一份自在。改变，从现在开始！

可以天真，但请认真

处在竞争激烈又高度要求专业的职场上，精准度及效率非常重要。不经思考就说话或做事，难免鲁莽，年轻人应该引以为戒。

年轻人涉世未深，天真可爱，但经常冲劲有余，思考不足，往往将自己陷于尴尬又失礼的状态。

其实，处在竞争激烈、高度要求专业的职场上，精准度及效率非常重要。不经思考就说话或做事，难免鲁莽，年轻人应该引以为戒。我听到其他公关公司有个这样的案例，也请公司同仁要警惕，不要犯同样的错。

AE：请问你是 ××× 吗？

记者：我是。

AE：请问你有收到我的邀请函吗？

记者：收到，但是我已经不跑这条线。

AE：那请问谁跑？

记者：（内心：没做功课！好吧，告诉你）是 ×××。

AE：那再请教一下，另一份 ×× 报是谁跑的呢？

记者：（生气了）我是你的信息中心吗？他是我们的竞争对手，我没义务告诉你。（挂电话）

这就是天真但不认真的年轻人常犯的毛病——不经大脑思考的语言。

另一个案例是，一位在校学生在粉丝页上留言邀我演讲，说是看到杂志上我写的一篇文章，觉得观点很棒，希望我可以针对这个主题再加以延伸，到他们学校演讲。我看了一头雾水，回信说："你是不是找错人了，我并没有写过那一篇文章啊。"这位同学赶紧回信说："对不起，搞错了，你写的是另一篇，但还是很想请你演讲喔。"轮到我不舒服了。如果邀请者连主讲者的背景或专长都搞不清楚，也不做功课的话，我应该答应吗？

还有另一个学校的同学也寄给我电邮，希望我可以接受他们的采访，因为老师出了功课，要他们去采访市场上最欣赏的一位公关界人士，但是最后同学并没有留下名字。我同样会想你是不是同时发给很多位业界总经理，这只是散弹打鸟的方式，随便看有多少人会被击中？这样的邀约会不会太草率？被邀请者会感到被重视吗？当然我也没有答应。

这样的情况几乎每天都发生在年轻的上班族身上，没思考就行动。现在网络发达，Google 一下都可以查到大部分的企业或企业主的信息，行动之前为什么不做功课？为什么不查查你要邀请对象的数据和背景，名字叫错、写错，都是非常不礼貌的事。公关人员的基本职责不是该把媒体名单查清楚吗？怎么会去问资深记者？这就好像你去求职面试时，不去拜访应征企业的网站，不去搞清楚人家做什么、卖什么，不做点准备，你能企盼自己被录取吗？

如果不认真，在最基本的事情上不用心，专业也会打折扣，在职涯的发展上很容易被看破手脚，断了自己大好的机会，也让职场的资深人员没耐性教导后进，或是只能在背后猛摇头。

所以年轻人，可以天真，但请不要不认真。

魔鬼与天使的对话

人的内心总有正面与负面两种思考，最终行为会跟着想法。所以，让正面力量打败负面思考是很重要的事。

人难免都有挫折、伤心、难过的时候，此时，若旁边没有人可以实时安慰，我们可能感到孤单、绝望，甚至放弃，尤其是在不被人了解的时候。

有时我们觉得自己已经尽了力，却仍然达不到目标，需要一个声音支持，那个正面鼓励的声音对我们很重要。这个声音不需要藉他人之力，自己启动即可，但我们得要培养这样的习惯。

人的内心总会有正面与负面两种思考，最终我们的行为会跟着想法，所以，让正面力量打败负面思考是很重要的事，这就是我所谓“魔鬼与天使”的对话。这个对话，在我最脆弱的时候会拉我一把，让我心里舒服些，也能帮我重新洗涤自己，去除负面忧伤，重新起程。这样的习惯陪我度过好多艰难时刻，让我可以勇敢擦干眼泪，继续前进。

记得十五岁那年曾莫名掉发，加上功课及同龄人的压力，几乎让我无法喘息，甚至有逃家的念头。某天黄昏，我跑到家附近的大树下，对着天空大喊：“老天爷，你还要把我搞到多惨，现在头发也没了，朋友也没了，活着一点都不好玩，你还要怎样？”

我哭着，内心却出现另一种声音：“不管老天爷怎么对我，我一定要活得很好，我一定不会被打败，我要头发长出来，我要考上大学。”然后我擦干眼泪，继续面对眼前的难题，之后感觉内心多了战斗力。那是我第一次启动了心底的“天使与魔鬼的对话”，当天使打败魔鬼的时候，我就有能量往前走。

长大后，出来创业没多久受到流氓记者的欺负，威胁要将仅有的两个客户拔掉，我难过得在洗手间里哭了很久。这时天使的声音出来了，她说：“丁菱娟，你有两条路可以走，一是把公司关了，回去当上班族，这样就不用受到威胁；二是把眼泪擦干，回去再赢回两个客户。”然后我在心里回答：“我不要公司关门，我愿意回去重新面对挑战。”于是我又充满战斗力地回去工作。

还有一回，在与一位重要客户奋战多年建立品牌，并拿下辉煌的公关记录后，团队最后仍在客户亚太区的决定下黯然解约，我又难过得瘫在家里的沙发上，头脑一片空白。心里的魔鬼说：“为什么鞠躬尽瘁的结果还是被牺牲？以后不要这么为客户尽心尽力了吧！”

于是我启动了天使出来对话：“嘿！丁菱娟，你又来了，这么容易被打败？或许客户也有不得已的苦衷，他总不能跟他的亚太区老板作对吧。你还是要坚持自己的信念，对客户好，总有一天，他会再回来的。”听完天使的对话后，我才又充满信心地往前走，与客户好聚好散。果然一年之后，这个客户又回来找我们了。

我们心中永远有天使与魔鬼存在，魔鬼会在我们虚弱与受挫折的时候趁虚而入，我们必须练习启动天使与之对话，这也算是一种自我心理疗愈吧。尤其是当旁边没有适当的人可以发泄或陪伴的时候，心底的天使就是最好的导师和医师。

启动“天使与魔鬼的对话”既是一种自愈过程，也是内心的反思，更是一面明镜。

忙里偷闲，快乐加倍

从挤压出来的时间里得到一些乐趣，为自己创造忙碌中的小确幸，反而更有能量返回工作岗位。

可能是现代人的生活太辛苦了，很多女性上班族都喜欢做不切实际的幻想，譬如可以不用上班的话该有多好，可以去学才艺，去旅行；当个贵妇该有多好，可以天天喝下午茶，睡觉睡到自然醒……想着想着，一年、三年、五年、十年就过去了，猛然回头一看，已经老大不小了，不仅没当成贵妇，连自助旅行都没成行。真的辞掉工作或退休了，却闲得发慌，怀念起上班的日子。

我很少幻想自己没工作时可以轻松过日子，因为我享受工作，但我并非工作狂，也同时希望过优质的生活，于是我必须在这两者之间找到平衡点。所以，我会努力工作换取应得的报偿，同时也学会犒赏自己。忙里偷闲变成我最珍惜与快乐的时刻。

特别忙碌的时候，我反而会走出办公室去买杯咖啡，到公园走走让脑袋放空。连续忙完几个项目后，我会休个半天假，或许看场电影或是展览，或自己开车远离台北走走，都令我觉得开心。出差的时候不论国内或是国外，我也会特别抽个空多请假一天，顺便体验这个城市。我享受着挤压出来的时间所得到的乐趣，为自己创造忙碌工作中的小确幸，反而更有能量返回工作岗位。

创业以后，忙碌变成生活常态，我不想当个哀怨的上班族，所以反而试着让自己在忙碌中更有效率地工作，以便有机会偷闲。在享受片刻的“偷闲”之后，能量得到释放，回来又能更起劲地工作，形成一个正面的循环。因为自己没有太多幻想，反而更惊喜连连。因为有回报，所以我每天都很有效率地工作，期盼可以准时下班、可以有时间赴约，与朋友或家人相聚。

年轻时，有位算命的说我一辈子劳碌命，当时听了好生气，觉得我才不要这么命苦，现在想想倒觉得是一种恩赐，因为忙碌表示你有事做，表示你有被利用的价值，在这不景气的年头，反而是一种福气。调整好自己的心态，做好时间管理，才有机会享有忙里偷闲的乐趣。

有时候我们觉得苦，不见得是工作本身的负荷量，而是我们不放过自己，不懂得适度放松，总要把自己压榨到喘不过气。偷闲不见得是要一整天的时间，也许一小时，也许半小时，有时候去咖啡店坐一坐，去散散步，去看场电影。不论是放空也好，沉思也好，都会让自己舒服一点，不要一边埋头工作，却一边在心里哀怨。

忙里偷闲唯一有个限制，就是必须学会独处，因为那个“闲”不是事先安排好的，有时也会不请自来，然而别人不可能配合你的时间陪你。突然一个计划暂时延迟，多了半天出来；突然客户取消约会，多了两个小时，这些都可以让你稍稍喘口气，偷偷闲。我有一次到大陆出差，回来时遇到大雾，飞机延迟约四个小时才起飞，其他旅客气得跺脚，跟航空公司叫嚣。我一个人却躲进旁边的小咖啡馆，点一杯咖啡，慢慢享受一直没看完的小说，那四个小时就是我的天堂。若是心态没有调整好，就会觉得自己倒霉得要死，反而失去享受这礼物的心情了。

忙里偷闲，要先忙，才会有闲的乐趣。所以无需怕忙，就怕不知为何而忙。

做一件从未做过的事

脱离舒适生活，挑战一件没做过的事，为自己留下一个美好的纪录。生命不就是要这样去实现梦想吗?

从来就不敢想过自己可以开一场个人演唱会，但是我勇敢地做了。因为这是我心中一件曾经想做却一直不敢去挑战的事。这个梦想，终于有了机会去完成，做完之后，我的开心与满足持续了好几个星期。

想走出舒适生活，我决定卸任董事长，从奥美毕业。我不想用“退休”这个字眼，因为“退休”是比较静态、休息的感觉，而“毕业”像是开启人生的另一个可能性。当我宣布完这个消息，团队就开始想筹办一个新颖的“毕业典礼”。然而，他们非常紧张，因为要帮董事长办个告别会，并非简单的事，而我自己也非常厌倦制式的告别会，像吃吃饭，播播影片，大家歌功颂德一下，然后讲一些回顾过去又赚人热泪的演说，实在令我尴尬。于是我很大胆地要求，帮我办一场个人演唱会吧！

这是我一直以来放在心上的小小梦想。因为年轻的时候写过歌，在民歌西餐厅驻唱过，进入了社会之后，没能再重拾吉他唱歌，却幻想着有朝一日能有机会有个小舞台，唱唱自己喜欢的歌，与好友分享。于是“利用”这个绝佳的机会与借口，对团队最后一次任性地要求，我选择自己下台的方式，华丽转身。

梦想实现的过程本身就是一件很享受的事。我一个月前开始找乐团，开始练唱，将它当作一件非常重要的项目来看待。有朋友送药材要我保养嗓子，有朋友陪我到 KTV 练唱，有人帮我筛选歌单，我的团队帮我想主题、找场地，邀请朋友、客户，大家忙得不亦乐乎。难怪有人说，当你真心想做一件事时，全世界的人都会来帮你。他们成了参与者与支持者。当天，连重量级的神秘嘉宾都来助阵。

我不是专业的歌者，所以还是会紧张，还是会忘词，还是漏洞百出。但是这些都不重要，在准备的过程，我很投入、很享受，每个细节都开心参与，而观众也同样感染了我的热情与快乐，说说往事，唱唱大家熟悉的歌，整个场子的氛围就像是一场温馨的同乐会。很多朋友写信来谢谢我给大家过了一个美好的夜晚，还有更多的朋友也在开始思考，未来要用什么更有创意的方式毕业，他们说我做了一个有意义的示范。

我很高兴自己有勇气去做一件想做的事，趁我还有体力、能力的时候。我鼓励人在四十岁以后要去做一件自己没做过的事，因为四十岁以后人都定型了，更难走出舒适圈，所以更需要去挑战一件没做过的事，为自己留下一个美好的记录。生命不就是要这样去实现梦想吗？

实现的过程本身就是享受生命的过程，不论成不成功，至少尝试了，经历了，少了一个遗憾，生命更丰富。还有最重要的，你会更喜欢自己。

找回原来的自己

我学习到的最宝贵的一课是，再怎么绝望，永不能放弃自己最相信的价值观。

创业难免遇到挫折，甚至因此降到人生谷底，最后唯有倚靠自己的信念和坚持才能走得下去。我在职涯中曾经遭遇过一次亲信背叛的困境，几乎让我倒下去。我学习到的最宝贵的一课是，再怎么绝望，永不能放弃自己的价值观。

大学毕业后，我的第一份工作是在科技公司，深受施振荣先生“内部创业”理念的影响，因此创业后，也非常希望可以树立一个内部创业的模式。当自己公司因应市场需求，需要分割成两家时，这个想法就冒了出来，我决定让当时的一位副总升任为总经理，并分享新公司股权，由他全权负责新公司营运。没想到在业务蒸蒸日上之时，这位总经理为了独享利益，竟然带走团队另起炉灶，并对客户佯称公司迁址、更改电邮。我目睹公司人去楼空的窘境，欲哭无泪。

那是在我创业后八年，即将与跨国集团进行并购的前夕，遭逢一手提拔上来的亲信掏空，我大受打击，好一阵子无法面对员工，不再相信人性。为此，我的能量耗费在打官司上，愤怒加上不解，整个人被负面情绪笼罩，无法专注在事业上往前走。那一阵子我不快乐、否定自己，怀着受害者的心态，简直像在惩罚自己。直到有一天看到陈长文律师接受杂志的专访，谈到他遭遇生命中最严重的危机——员工盗卖客户三十亿股票的事件，最后他却说：“没有信任的企业，怎么活？我们原来是什么，就是什么……公司不能因为员工的背弃，就失去对人的信任、对客户的信任，不管赔不赔得起，即使是三十亿的天文数字。”

我看完之后，潸然泪下，正因为我自身遭逢同样的背叛，特别有感触。陈律师所承担的损失足以让公司倒闭，但是他仍然不改初衷，是的，“我们原来是什么，就是什么”。因为受伤而从此不再相信任何人，才是对自己最大的惩罚啊，我怎能丧失作为人的基本信任，那是我最基本的价值观啊！是的，没了信任我怎么可能活得快乐、自在，我要找回原来的自己。

这篇专访拯救了我，我拾回了原来乐观、开心，享受生命且愿意相信他人的原貌。我决定撤销告诉，将能量放在持续开创事业、工作及身边的人方面。正面的力量再次迎接我，让我变得越来越丰富，越来越快乐。

有句话我觉得很受用，“使我们受苦的，往往不是情况本身，而是我们对于情况的想法”。是的，我们时常被自己的想法困住了，尤其在受到挫折的痛击时，唯有转念可以翻转人生。换个角度，相信原本我们相信的，保有原来美好的部分，那是我们最珍贵的资产。我庆幸自己及早学到了这宝贵的一课。

选择是包裹，好坏要一起打包

选择是一个包裹，里面有你想要的，也有不想要的，就看你为了那个想要的愿意付出多少代价。

一位读者来信问我，自己在父母期待下读了硕士班，但在就读的过程中，发现并不符合自己的兴趣和期望。他记起曾经在大学时期半工半读的机缘，觉得自己对商科应该比较有兴趣，但他现在就读的硕士班却偏重工科，与想学习到的东西有差距，于是他跟父母提起休学的想法。但父母对他硕士毕业的期望很高，希望他替家中争口气，在父母的意志下他只好继续就读。

只不过他的心里仍然挣扎，找不到平衡点来纾解自己的情绪与压力，不知当初读硕士班到底是对或错。他曾找过心理书籍，试着找方法，想了解自己潜意识的想法，但想破头也是一样。因此，他想问我是否有好的建议。

这是典型的在抉择中沉没的人。就是已经做了一项选择，却还瞻前顾后，彷徨不已。我想说的是，人生其实就是一连串的选择，我们慢慢会发现人生没有一个完美的答案，否则早知道如何选择了。所以，选择是一个包裹，里面有你想要的，也有不想要的，就看你为了那个想要的愿意付出多少代价。因此，孩子，选择一条路，就是好的与不好的都要一起概括承受。明白了吗？

譬如说，你想要顺从自己内心的声音，休学去追随自己的兴趣，那你就得下决心去面对父母的压力，然后取得他们的谅解。当年罗大佑弃医从事音乐，也是抗拒父母的期望，但等做出成绩了，父母终究谅解了。革命是要付出代价的。虽然父母不应该介入小孩的未来太多，但父母的动机是为子女好，只要你够坚决，好好地与父母沟通，话说得有理，大部分的父母还是会同意的。

我不了解你父母的个性，如果你有能力说服他们最好。但看起来你选择了以孝为重，牺牲自己的想法，这是你自己的决定，就不该还瞻前顾后。既然“选择”了听父母的话，那就好好安定你的心，把梦想延后一年实现吧，认真把硕士修完。这一两年你可以好好充实自己，认真过日子，人生不会白费的。

最糟的就是选了A，心里想着B，这才是人生苦难的开始。犹豫不决，左盼右顾，安定不了自己的心，心里不快乐，怪东怪西，这是最糟糕的。你还剩一年就毕业了，值得现在去革命吗？付出的代价是什么，想清楚就行动吧。如果你决定要忠于自己的梦想，那么就勇往直前，做出成绩，总有一天父母会谅解的。

不论选哪条路，都没有对错，只是抉择了就要承担。不论是什么结果，千万不要再犹豫不决、痛苦挣扎，因为这才是最浪费生命的。

Part 03

态度正确，职场眉角也要顾好

小公司不要找『类高手』

小企业一开始，最好还是靠自己将公司带到一个规模，再转化或转型。这时再找真高手来，同理念、给舞台、分享利润，成功概率会高一些。

“小公司不用找高手”，初始听到一位企业家说这句话时，觉得奇怪，小公司不是应该找高手才对，才能跟大公司抗衡吗？久了之后才发现，碍于现实面，高手不会甘于在小池塘里生存，就算暂时逗留，也是情势所逼，早晚他会找一个更大的池塘或大海悠游。小公司最终只是高手暂时的栖地。

这是现实问题，好的人才会往大企业去，因为那里资源多，是训练高手的摇篮。大企业制度健全、资源丰富、人才济济，年轻人走一遭后，眼光视野打开，做事方式效率透明，经过时间的淬炼，专业能力与自信心增加，比较容易变成高手。反之，小公司迫于生存压力，薪资待遇比不上大企业。要不就是公司成长太快，现有人才往往跟不上成长，于是急于外求。

小企业若是想找大公司的高手恐怕会有困难，譬如舞台大小、薪资待遇，还有品牌光环的问题。这些高手到了小企业之后，不容易适应，最容易犯的毛病就是眼高手低，执行力不够。失掉了大企业丰富的团队与资源，挥洒空间大打折扣。不然就是犯了大头病，难以脱掉大企业的光环，身段摆得太高，不容易与他人合作，我称之为“类高手”。

所以小公司要找高手之前，先想清楚，高手为什么要来？除非你愿意给舞台，让高手一展长才，或是愿意让利，让他享有高薪或分润，让人才有发挥与论功行赏的空间，否则很容易只找到类高手，理念不合就挥手拜拜。这么一来一去，小公司的组织与文化恐怕经不起变动，原有的人心更容易涣散。我就曾经在创业过程找了类高手，以至于损失惨重。

小企业一开始，最好还是靠老板与创业伙伴将公司带到一个规模，再寻求转化或转型，这时再找真高手来，同理念、给舞台、分享利润，成功概率会高一些。这是中小企业与大企业竞争时必须思考的门槛。当然识人要清楚，不能只凭高手待过大企业的某个职务就聘雇，多做人品声誉查询准没错，还要再次确认理念相同，愿意放下身段一搏才可合作。否则高手职务、薪资高，权力也大，中小企业不能不谨慎。

也不是没有成功的例子。我的一位企业家朋友遇见一位高手，谈了一年直到理念契合，企业主出资，高手除了出力，也愿意出部分资金入股建构自己的梦想，后来合作事业越做越有起色，可谓双赢。成功的主要原因是这位高手愿意冒险，全心投入完成梦想，而这位老板也愿意让利及给舞台，但这是可遇不可求之事。

总之，小公司最好还是自己培养人才，真的来不及而要挖高手，心里要有准备，能授权，给舞台，给利润，或许可以像刘备得诸葛亮一样如虎添翼。

好主管、坏主管都是礼物

一生中总会碰到不同的主管，他们都是贵人。好主管让我们眼界大开，坏主管让我们在挫折中成长。

曾经听过年轻人批评主管只会出一张嘴，什么都不做。我说，有这样的主管还不赶快学。倘若真是如此，算他厉害，靠一张嘴就可以把事情做好，老板不但不吵他鱿鱼，还升他的官，一定要好好看出他的生存之道。

的确，很多主管只出一张嘴，但一张嘴就能够把事情摆平，你说这嘴厉不厉害。有的主管真的人脉很好，我们想见一直见不到的人，他都有办法安排，省了团队在过程中跌跌撞撞，这难道不是一种能力？不要以为一定要卖命工作才是负责任，主管的角色最重要的是运筹帷幄、承上启下。他的任务是要指引方向，解决问题。所以时间应该花在上下沟通、横向沟通、思考策略上，这些都不是看到的“做”，不要让情绪遮掩了判断。他会成为主管一定有其道理，企业也不是省油的灯，不会花白花花的银子把他请来供着。

工作者大概可分成三类：有的是思考者，很会下策略，像诸葛孔明；有的很会讲，讲到人家心坎儿里去，让客户很快买单，事情顺利进行；最后一种就是执行者，很会做事，上头交代的任务都能精准、有效率地执行到位，是主管不可或缺的左右手。要一个人十八般武艺都会，很难，所以组织才需要团队互补。这三种人各司其职，又能相互合作，就是组织之福，没有谁比较伟大，谁也不要看不起谁。我们就没听过刘备要诸葛亮上场杀敌，他也不会让关羽和张飞去想策略或阵法。

倘若真遇到不好的老板，看清他哪里不好，好好警惕自己当主管时不要犯同样的错误，不要看不起他。看不起主管，你就把心关起来了，学不到任何东西。如果真的不认同他，与其度日如年，不如选择离去，唯一不要做的事就是抱怨。同样，倘若遇到优秀的主管，赶快趁机好好近身学习，这可是千载难逢的机会。在巨人的肩膀上看得更远、更高，不是每个人都有的机会。

职涯中，我曾经碰过坏主管，也遇过好主管，我就是用这种态度去看事情。尤其是碰到好主管的时候，我总是默默观察，看他如何说话，如何做事。曾经有位主管很会抓重点，每次客户提出很多的问题，他总能提纲挈领，直指核心。我好崇拜，偷偷问他如何培养这样的能力。他说要聆听，找关键词，用逻辑串起来。我不是很懂，就近身观察他，解构他的谈话，从此也变得比较能用逻辑思考了。当然我也碰过坏主管，总将功劳揽在自己身上，我就警惕自己以后当主管绝不像他一样。这种学习最快又最有效。

一生中总会碰到不同的主管，他们都是我们的贵人。好主管让我们眼界大开，坏主管让我们在挫折中成长，这些都是职涯中最物超所值的礼物。今天我之所以为我，这些好主管、坏主管们都有一定的贡献。

我因为这样而离职

离职的原因百万种，但曾经让我萌生离职之意的，竟是一个很八股也很无奈的原因。

年轻时的一份工作，我对它充满干劲和热情，天天都期待上班。待了几年，升迁都轮不到我，我心里想没关系，反正这份工作我很喜欢，又有学习的空间，于是我就不计较，继续留在原来的位置上努力着，希望主管有一天可以肯定我的表现。现在想来，自己真是一厢情愿的笨蛋。

又过了一年评估的时间，比我资浅的同事升了官，还是没有我，我的失落不言而喻。这时我终于鼓起勇气去问主管，请教他倘若我想要升到上一个职位，还有什么可以改进的空间，没想到他竟然说："丁菱娟，你没问题，只要维持这样就好。"他接着说："至于升迁的问题，你就不要争了，你是女人，工作不是你的全部，再说老公也养得起你。现在名额有限，我得把名额让给男人，像 ××× 他有两个小孩，需要养家，也需要这份职位，升迁才能加薪多一些，你就让给他吧！"原来，升迁不关乎能力，关乎性别。

听完主管讲完这席话，我心都凉了。顿时这份工作对我不再有意义，因为我知道无论怎么努力，都得不到合理的报偿，这是一个不公平的竞争。我谢谢他这席话，他的坦白加深了我离职的决心。于是我离开了这家公司，寻找下一个栖地。面对不公平的战场，我应该选择离去。

作为主管，有责任给部属一个可以评估表现的标准，让努力和付出有一个相对公平的回馈，这是最基本的。世界上没有绝对的公平，个人的喜好也会影响评估结果，企业若有制度和评估的原则，总是让人比较信服，也较有机会将事实呈现，而不是靠纯感性的直觉。

现在，有制度的公司都有一套较为公正、合理的方式来评估员工的表现，让员工的努力具有方向和意义。我相信在有制度的公司工作，主管在与部属做评估面谈时比较有个准则，不会心虚，不会闪烁其词。就算评估结果可能不符合当事人的期盼，至少还有个原因及访谈纪录，让部属知道有哪些需要改进的空间。这样企业才能留得住人才。

毕竟制度是死的，一切皆在人为。主管应该让员工了解人事评估制度，而非依个人意志行事，否则无法服人。企业的 CEO 也应该请人资部门督促主管确实落实制度。

是的，离职原因百万种，但根据调查，最会影响离职的原因大都与主管有关，譬如与主管不合、不受主管重视等。主管的一句话可能就会影响一位员工的去留，无论是有意或无心。在此企业抢人才的关键时刻，忽视评估制度，藐视部属能力的主管，注定留不住人才。

把妈宝变成公司宝

年轻人希望工作有挑战又好玩，所以除了给目标、教方法，还要创造有趣的工作环境，才能激发他们的潜力，变成人才。

最近常听到很多做主管的人抱怨，现在的年轻人都是“妈宝”，经不起骂，一骂就不来上班。既然妈宝是普遍现象，抱怨也无济于事。不能骂的部属越来越多，我们如何面对现代的妈宝现象呢？

首先是我们得先接受这个事实，再思考如何与这些新生代共处。许多主管尚无法接受这个现象，所以责骂、抱怨，甚至放弃不再教导，但这些都是消极的做法。其实以前我们每一代都骂下一代，但事实证明文明一代又一代地往前进，世界从未停止运转过，只是我们老喜欢用旧思维，以自己熟悉的一套标准来批判下一代。未来绝不会像我们想的那么悲观。年轻一代只不过是不想按照我们的方式工作与生活而已。

骂是管理最容易的手段，却不是最有效的。有些主管碰到部属做不好，直觉反应就是骂人，也不管后果如何。如果骂有用，那管理学教骂人就好了。很多人被骂了之后，脑中一片空白，主管想要什么完全听不进去，只记得情绪性的负面字眼，譬如：“你怎么这么没脑？不长眼？”他们会一辈子记得你的辱骂，却忘了你曾经对他的好意建言。再后来，部属不爽提了辞呈，恐怕一波未平，一波又起，接下来的危机又等着你，除非你原本就想让他走路。

有统计发现，骂了会变强的部属只占一成。这一代不是在被骂的过程中成长，他们是在宠爱中长大的。所以要接受这个事实，用骂建立威严的时代已过去，跟他们讲道理，讲他们的向往和兴趣，激励他们，才能寻到出路。因此一边鼓励他们的优点，也要一边定目标和底线，告诉他们什么是你可以接受的方式。

与这群所谓妈宝相处，就得了解他们的想法与风格。他们跟我们这代不同的是不再为钱工作，是为兴趣而做。他们富创意而追求自由，不但要工作有挑战，也要工作得好玩。所以除了给目标，教方法，还要创造有趣的工作环境才能激发他们的潜力，使之变成人才。聪明的主管知道“一手拿鞭一手拿糖”，懂得要求，也要懂得适时鼓舞。给他们一点点挑战，不要太贪心，帮助他们达成目标、建立自信，另一方面赋予工作的意义，建立文化。你的价值观及以身作则的风范会成为年轻人学习的榜样。

主管们也不要一边摇头，又一边扛起所有责任。这样累死自己不说，还是回到宠他们的老路上去。应该学习欣赏年轻人，给他们机会，忍受他们犯错，教导他们。唯有如此我们才能共同成长，帮助自己及他人成功！

防小人，不如把自己练强

工作能力是防小人的防火墙之一。对人际关系有所警觉，不卷入派系，拥有好关系，都能降低小人得逞的机会。

有一回，我注意到朋友手上戴了尾戒，便好奇问他是什么意思。他吐了三个字："防小人。"

他感叹只要有团体的地方就会有"政治"，有八卦，有小圈圈，冷不防背后被捅一刀，觉得人心险恶。在企业工作不知谁是友是敌，所以戴个尾戒想防小人。我听完后，劝他倒不如强化自己不可取代的能力，让自己多几层防火墙，小人自然很难接近。

原来，他的前一份工作是被人搞掉的。因为听信了一位同事的话，以为主管不喜欢自己，久而久之跟主管之间多了一道鸿沟，于是误解就产生了，日子一久，对主管的信任感降低，最后索性放弃掉这个人人称羡的工作。没想到，新的公司录用他时，说明了录取原因之一，是该公司在做征信调查时，前主管曾大力推荐他，并表示他是一个不可多得的人才。他才明白，前一份工作是被同事搞掉的，让他大为震撼。

小人有时以天使的面貌出现，表面关心你，其实是忌妒你。表面说一套，背地玩另一套。所以，在职场上有人突然对你示好，打探你，都要有所警觉，但也不必天天带着怀疑的心态上班。当我们有所质疑的时候，要冷静行事，查明消息来源，不能只听别人的谗言，也要有能力化解谣言危机。有时，我们会中了小人的圈套，是因为耳根子软加上没有查证的能力。

防小人要注意几件事：第一，平常不八卦，不传话，不听信传言，也要远离那些爱八卦的人，这样可以少沾惹一些是非。如果某个传言关系到你的利益，要有勇气找当事人证实。如果关键人是你的老板，也要鼓起勇气，礼貌地询问老板的想法，或是有智慧地澄清老板对你的误解。第二，你在公司里一定要有同部门和跨部门的好朋友，这些“支援部队”可以在不利于你的谣言散布时，为你消毒或给予支持，让你不会孤单无助。当然，最好是跟主管保持良好关系，毕竟他是你在职场上最好的担保者。

最重要的还是必须要有实力，用专业创造不可被取代性。当你被看见、被重用的时候，表示你的价值与公司的利益挂钩，别人要搞掉你难度较高。但是千万不要骄傲，受到重用也不可志得意满，要更谦虚地做事，这样不易有敌人。所以，工作能力也是防小人的防火墙之一。其次，对人际关系有所警觉，不卷入派系，拥有好朋友与老板的好关系，都能降低小人得逞的空间。

防小人得先把自己练强，因为小人经常选择好欺负的人下手。

我们是顾问业还是服务业？

我们以为听客户的话就是最好的服务，其实客户需要的是我们的意见和反馈。

有员工问我，到底公关业是顾问业还是服务业？我的回答是，公关是顾问业也是服务业，是一个顾问加服务的产业；顾问是策略，服务是执行。

倘若只有顾问，光凭一张嘴，策略无法往下精准执行，也徒劳无功；只有服务，没有策略，空有手脚行动，不知行进方向，一样失去焦点。真正好的公关公司应该让两者相辅相成，才能把好的策略与创意执行到位。所以策略和执行力一样重要。

然而当项目人员经验资浅、没有够强的想法时，就只能言听计从地顺服客户指示，取悦客户，以防失去客户。反过来，当你可以给客户正确、有洞见的建议时，客户会视你为专家，尊重你，自然不需要低声下气的服务，而是平等的商业伙伴。

许多从事服务业的朋友总觉得服务业很没尊严，要仰客户鼻息，于是随时待命，不敢有一丝疏忽，以免客户生气。这样战战兢兢地服侍客户，终究有疲惫的一天，自己也不快乐。唯有凸显专业的价值，有自信给客户最好的专业性，服务的价值才受到尊重，服务者才能享受其中的成就感。

所以当我们抱怨客户的时候，应该反过来问自己：有没有值得客户尊敬的地方？可曾主动给客户应有的分析和建议？有没有给客户最棒的创意？有没有让他放心？还是客户要我们做什么，我们就做，没有思考，没有意见，也不问问题，只希望快快将交代的事情做完？我们以为听客户的话就是最好的服务，其实客户需要的是我们的意见和反馈，因为客户也会有盲点，这正是客户需要我们的原因。

一位同仁跟我分享，他当项目执行时只能听从主管及客户的话，一件事来来回回改好几次直到对为止，浪费许多时间。现在升任经理，自己用经验与专业判断，给了客户一些想法与建议，发现做事更有效率，因为跟客户有了平等的对话，反而不会浪费时间做无用功，更重要的是成就感来了。

从服务到顾问是一个过程，可能要做过上百个案例的服务才能成为顾问。顾问也必须有好的团队才能落实策略，所以最好的团队应该两者兼具。唯有当顾问的建议可以成为执行后的甜美果实时，顾问服务业才真正有力量。

至于你现在做的工作到底是顾问多还是服务多，得看你的能力在哪一个阶段。顾问能力不够，就得多做服务来补足；顾问能力充足，服务虽然还要做，但不至于觉得矮人一截。所以顾问服务业，顾问能力多一点了，服务自然就轻松了。

解决问题比给理由重要

辩解或找理由绝不是服务的快捷方式。虚心接受意见，将客户的问题当作自己的问题，才能给人负责任的印象。

在沟通的过程中，我们经常会在不满意别人的服务时提出质疑，若碰到的服务人员只是狡辩或者找借口来回避责任，试图让我们接受，相信多数人心底会觉得不舒服，甚至心生厌烦。

有一次我向一位银行理财专员反映他们的报表呈现方式太复杂，让客户看不懂，还误以为数据和投资是负面的。那位理财专员回答我，这是公司制式的报表，已经使用很久了无法改变，接着又说了一大堆理由让我接受这个报表。我心里很不舒服，心想算了，懒得回应，找机会解约了吧。后来一忙也就忘了。

不久，这位理财专员离职了，换了一位新财理专员来拜访我，我提出了相同的建议，她很有同理心地说："我了解您的顾虑，其实其他客户也有类似反映，我已经向主管报告过，不过不知道公司的处理程序要多久，所以我愿意在公司未更正之前特别为您客制化报表，在下次拜访时交给您。"她这么一说，我顿时心情愉快，对她留下了美好印象，决定将更大笔的资金交给她处理。所谓客制化报表也不过是多写下一些我想看到的数据，由于我每季才见她一次，相信也花不了她多少时间，但是她的弹性和提议让客户感觉得到关注，这样的处理方式令人愉悦。同样问题，不同的响应，给客户的感受完全不同，服务的差异化就在这里。

有一次，我去餐厅吃饭，等了许久仍未上菜，找来服务员询问，服务员的回答是："因为今天客人很多，厨房忙不过来，真的没办法。”这是一家还算有名的餐厅，我与朋友又等了一会儿，还是不见服务员眼神跟你交集，招他来再问还要多久，他却说：“别的客户也一样在等啊，厨房已经很快了。”言下之意是我们太急、太难搞了。我们当下就离开，从此不再光顾。和前例的第一位理专一样，服务员只解释了原因，并没有提供解决方案，客户感觉不到被照顾。如果服务员说：“抱歉，让您久等了，我马上去跟厨房反映，但因为今天客人较多，麻烦您再耐心等候一下。”我想这样的说法比较让人舒服。如果这位服务生能够问了厨房之后，回来告诉你，再几分钟就可以上菜了，我想就更完美。差别在于你能够感觉到他是在乎的，并且会马上行动，明确地指出何时可解决问题。我想这是客户服务的贴心沟通步骤。

有时候，理由和借口只能让你的心里好过，并不会让客户舒服。狡辩或找理由绝不是服务的解药。虚心接受意见，将客户的问题当作自己的问题，“嫌货的客户才是买货人”，试着告诉客户我正在采取行动，反而能给人负责任的印象。

省下不该省的钱才叫浪费

不浪费公司的钱是职场道德，一味省钱却非企业追求的价值。花钱不是问题，效益才是问题。

台湾地区的企业长期以来都是制造代工的思维挂帅，企业对成本控制严厉，把营销预算当作成本，不是投资，自然难以建立品牌的长久度与气势，间接使职场走到今天低薪酬的地步。

员工被训练成以杀价多寡来表现自己对公司的忠诚，这样的作为有些失去焦点。做生意抱持这般思维，怎么可能把格局做大。

企业采购跟我们上街买东西一样，不是价格越低就越省钱，花了不该花的钱或是省了不该省的钱才叫浪费。我常跟员工说，不该花的钱一毛也不要花，该花的钱就要达到一定的效果，否则就别做。让第三方得到合理的利润和尊重，才能在紧急时要求严格的质量，他们也才会愿意奉献热情与配合度。尤其现在很多以文化、创意为主的服务，无法用价钱衡量，负责的窗口不应该一味地以杀价见骨为己任，否则可能让公司蒙上“小气”“不尊重专业”的恶名。

有些企业内部人员以为，为老板省钱，老板自然会很感激，事实并非如此。尤其是营销费用，大部分企业主的思维是看重效益与价值，就是我花了这些钱，能不能为我带来更高的效益，而不是能为我省多少钱。

有一次，某位客户的窗口基于想省钱，决定在活动前更换较便宜的装潢和主持人，最后没有得体地衬托出品牌定位及贵宾的出场气势，使得老板觉得没面子，最后知道员工只是为了省钱而缩减费用，老板更生气，直说：“我要的是效果，不是省钱，若可以带来更大的价值，那就花啊。”老板其实想的跟你不一样。老板在乎的是，花了这些钱后，可以帮公司带来什么效益，可以创造什么价值。花钱不是问题，效益才是问题。

有些企业窗口擅长跟厂商杀价，非得要让厂商叫苦连天或不想做了，才觉得自己专业，这实在是很笨的做法。因为没了合理的利润，厂商可能在服务内容上悄悄削减质量，更糟的是厂商丧失了热情和动力，其实对案子的过程或效果都不利。某些企业窗口杀价出了名，在厂商之间是传得很快的，于是针对该公司的案子不是敬而远之，要不就是提高价钱因应，这对企业主而言，才是真正得不偿失。

不浪费公司的钱是职场的道德，省钱却不是企业追求的价值。其实最精明的企业窗口懂得要求，也懂得尊重厂商，让厂商对你既感激又敬佩，才是真正的高手。尤其，培养长期忠实又能配合的厂商并不容易，唯有让你的合作伙伴都能赚到他该赚的钱，合作才能长长久久。

负面推论，浪费能量

在事情混沌未明的时候，最好的方式就是先搞清楚状况，以免下错决定。正面思考才是突破难关的解药。

一位担任总经理职务的朋友跟我聊到，最近她的总公司似乎在暗示她该退休了。新老板一直要她找接班人，培养下一代，也要她写接下来的个人计划。她很沮丧地问我，她是不是该去找下一份工作了？

我跟她说，找接班人在外商是很稀松平常的事，我的国外老板每年也要我列出接班人名单，每一季要我更新“年轻绩优人才”名单，这原本就是企业运作很基本的人才培育与接班人计划。我说，要是我也像她这么想，早就走人了。

我告诉她，这是企业经营必要的防火墙，同时也帮助我们了解公司人才的运用。我建议她先不要做这样负面的假设，或许老板只是希望她更有计划地培养年轻人。

原来她为这件事烦恼很久，也不知如何回应老板。她其实也找了一位年轻的营销主管，很想培养他，但仍然需要观察与调教。我说倒不如按照老板的要求，回复他一封邮件，让他知道你已经这么做了，接班人计划也拟定了，然后分析这位接班人的优缺点是什么，询问老板希望她如何帮助这接班人接班，看看老板如何回应，也不用再猜来猜去。

后来与她再次碰面，她说老板回了邮件，非常赞赏她的规划，但考虑这名接班人尚待磨炼，需要一些时间，希望她可以继续帮助公司，培养并辅导这位接班人。老板说，毕竟她较资深也了解公司的企业文化，希望她可以将此列为三年计划。我的朋友满心高兴地说，这原本就是她想做的事呢，三年后她也想退休了。

原来有时候是我们想太多，自己吓自己。在事情混沌未明的时候，最好的方式就是先搞清楚状况，以免下错决定。尤其在外商做事，公司都有一定的规范，按照公司的规范与游戏规则行事，一切透明化，反而不会为自己带来无谓的烦恼。

负面推论有时徒增烦恼，它应该是一种用于做危机管理及设停损点的思维，不是让我们不快乐的根源。反之，正面思考才是突破难关的解药。

胸襟够大才能成就大事

要人愿意帮你卖命，第一要件就是愿意“给”。愿意跟伙伴分享舞台，分享利润，才能成就更大的企业。

很多人问我领导者应具备什么条件，胸襟要大绝对是答案之一。胸襟就是一种包容力。对事与人的包容力，决定了组织的高度。胸襟大的领导人心中没有敌人，没有畏惧，不计较，不算计，也不会记仇，愿意分享自己的利益。这样的人绝对会吸引很多人跟随，一起共事。 我遇过一位客户，台湾人，学历不高，曾创业两次失败。五十岁时，他再度到国外创业。当时条件并不好，最后他成功了，建立了真正国际化的企业，产品营销全球，员工和事业伙伴都是顶尖人才。他自己却只花极少的时间在工作上，轻松自在地过日子。我好奇地问他如何管理跨国的企业，他竟然说，不需要管理，因为这些专业经理人会为了保护自己的利益而努力工作。后来我才明白，他大方分享的利益足以让这些当地的顶尖人才，甘心为他服务。

他原来是制造供货商，为了成就国际品牌，他明白必须牺牲自己的利益与当地人合作，才有机会成功，于是他找回熟识的经销商，与他们成立合资公司。除了供应商品，他还提供丰厚的股权、优渥的薪资，鼓励这些经理人尽心尽力销售。因为获利模式简单又分润大方，大部分人都愿意跟他合作。同时，他也找了优秀的人才负责品牌形象和广告，让品牌发亮，合伙人都愿意将产品卖得更好。

我问他，让人才愿意为他服务的关键是什么，他道出了这个业务模式的最高秘诀——与股东分润的最佳黄金比例是七比三，他三，对方七。这么一来，他的伙伴会愿意为他卖命。这个黄金比例，是他累积了三十年的职场经历与失败后才体会出的道理。他解释，当对方知道公司的利润有70%是进他们自己的口袋时，人性的贪婪会减少到最低甚至不见，并有足够的动能去为自己的利益而奋斗。剩下的30%，会让人们觉得不值得冒险去掠夺公司的利益，所以这是合资最佳的比例。

如果有一个工作，老板提供重要的资源，却充分授权不会管你，通常你的自主性与责任感就会产生。因为你有舞台发光发亮，可以创业改变人生，为自己赚钱，请问你会不会卖命工作？答案绝对是肯定的。这位老板洞悉人性，启动了人性正面的动力，给了每个伙伴机会，这些伙伴勤奋地当起老板，因为事关自己每年分配的利润多寡，因此充满干劲。难怪我参加他们内部的活动时，这些优秀能干的老外，竟然对这位学历不高、英文不是很溜的老板充满了敬意。

我突然明白，原来经营企业也就是人性的试炼，要人愿意帮你卖命，第一要件就是愿意“给”。这就是一种胸襟，愿意跟伙伴分享舞台，分享利润，才能成就更大的事业。除了分享利润之外，他总是躲在幕后不想曝光，将舞台和镁光灯让给这些伙伴。

即便我现在公布了这个道理和黄金投资比例，问题是有多少人可以做得到？人性的试炼从这里开始。

将镁光灯让给部属

授权是一门艺术。不是放任、什么都不管，是让对的人做他擅长的事，然后设立目标，成败由他自己负责。

其实大家都懂得“授权”这个道理，很多能干的人却做不到，因为他要证明自己不可或缺。明知道事情交办下去可以轻松，却要跟部属抢事做，事必躬亲，因此所有的猴子又爬到自己身上来了，结果是累了自己又养出一群不会思考、唯命是从的部属。

我见过很多这样的主管，一边喊着好忙，一边又舍不得放手，成天让部属找得团团转，等着他指示，等着他签字，一边骂着部属无能，一边其实享受着大家围着他等批示的感觉，来凸显自己的价值。很多主管做不到授权或只是授一半，让部属无所适从，不把方向及自己的想法讲清楚，部属只能边猜边做。

授权是一门艺术，不是放任，不是什么都不管。授权是让对的人做他擅长的事，然后设立目标，成败让他自己负责。我承认自己是个很懒又怕烦的主管，因为懒，所以学会了授权。我找能力比我强的人来负责，激励他们，给他们舞台，教他们钓鱼，设定目标，经过一段时间的磨合，这群有能力的人就神奇地做起该做的事情，负起该负的责任，而且比我想象的更好。而我只做一件事，就是激励与支持他们。

于是，我不再被繁杂的琐事绑住，跳脱微观，便可以专注于经营策略面的思考以及企业文化的建立，为员工树立更好的工作环境。我将客户赞美的镁光灯给他们，使得主管们更有动力发挥所长，更卖力工作，因为舞台是他们的，他们从中得到掌声与成就感，而员工也乐在工作，形成了正面的循环。其实最大的获利者是我自己。

当主管的，如果不想忙得像陀螺一样团团转，就要学会授权，懂交办，这样就有机会可以轻松地工作，释放压力，而且有机会看得更远更高，拥有制高点来看事情。授权之前，心态要先放对，不要怕部属超越你，也不要怕他们犯错，唯有放手并在旁关心支持，适时拉他们一把，他们才能感受你的用心。

授权也要有步骤，因人施教，针对没什么经验的部属，要牵着他的手做一次给他看，然后请他自己模拟一次，觉得差不多，再放手请他做。有些经验的，要跟他讲大原则和方向，然后请他定时报告进度，建立核对机制即可。更资深的左右手，已经到达“你做事，我放心”的地步，此时你只要做一件事，就是确定价值观相同，然后尽量在精神上、资源上支持他们。肯定他们与你的关系是互敬互爱、坚不可破的，这样的团队绝对是强而有力、高度自律的。

授权，能使部属在信任的基础下成长，而主管又能将时间释放出来，以更高层面的角度思考宏观的议题，平衡自己的生活，可谓双赢。

未来领导人的决胜关键，就在于能否培养出优秀的人才，而授权绝对是一门重要的艺术。

通信软件交代工作恰当吗？

通信软件带来更通畅的方便，却也带来更多的紧张压力。如何拿捏那条来自工作的界线，维持与生活的平衡?

“一位四十岁左右的女性是电影业传播人员，因上司用通信软件交代工作，过度加班而过劳死……”这则新闻引起我的注意。除了因为她从事的是与传播相关的工作，还有就是主管经常下班后用通信软件交代工作这件事，到底应不应该。

这似乎已是现代上班族的生活常态：主管或客户利用通信工具指派任务，已不分上下班或休假时间。这就是科技凌驾人性的结果。通讯软件带来更通畅的方便，却也为我们带来更多的紧张压力。

科技的进步并没有让我们的生活更美好。行踪无所遁形，工作时间被切割得难以拼凑，因为工作和人际的关系，手机上出现了越来越多的群组，每天“当当当”响不停，把我们搞得神经紧张。如果有个通信狂老板，对于“已读不回”的讯息又无法忍受的话，那我可以体会其部属每个人都会精神紧绷，就算下班或假日也无法放松。如何拿捏那条来自工作的界线，维持与生活的平衡？

当然，法令没有规定主管不能在下班指示工作，但是做上司的，心里都要有一把尺，不能随意打扰部属的私生活。当然有些上司辩解说，我只是提醒部属或请对方回报，并不是在交办事项。如果是的话，那在语气上写个“温馨提醒”会更清楚明了，免得让部属心里七上八下。若讯息只是提醒或沟通某些事，可能无可厚非，但若交代工作，就要给足时间准备，不能将下班的时间视为别人理所当然要工作的时间，自己却在休假。

我遇到过一个客户，总选在下班时交代工作给服务的项目人员，表示明天上班就要看到报告，而且屡犯，这就是自私的心态，表明她不关心合作伙伴，只在乎自己的绩效。

在通信软件当道的时候，主管都应该更谨慎。若要交办事情留话，辨别是否有必要性和急迫性，否则使用电邮比较适合商业上的文件来往，通信软件是社交生活上的沟通工具，而且是平辈的较自在。若是工作组，各自更新进度即可，上司最好避免在上面随意发言。

做主管的，将心比心就知道要如何处理。若是紧急事件需要马上行动，是否也要电话沟通一下，我相信部属不至于拒你于千里之外，但这绝不能是常态。虽然主管的压力也很大，但唯有真心善待部属或第三方，他们才会愿意打心底地奉献，而主管也不会变成冷血无情的人。下了班还要传送讯息给部属的同时，多想一下有没有必要？紧急吗？明天再传可以吗？部属会不会误解？会不会打扰到别人的家庭生活？

做部属的也要懂得管理自己的健康和时间，适时让主管知道你的能力和需求，不要硬撑，只有你最清楚自己能不能承担主管的要求。压力太大时要发出警讯，要求救。唯有求救才有机会获救，因为永远没有人比你更了解自己的身体，等到出状况了，真的得不偿失。有人担心，这会影响到个人绩效，然而比起生命和健康，孰重孰轻应该很明显。

掌权的人要克制自己滥权，无权的人要爱自己，表达需求，这样大家的生活才会更美好。

换汤就要换药

当客户换窗口时，正是业务的关键时刻。先观察，再用对方可以接受的方式服务他，才能算得上是好的客户服务。

有位优秀的年轻人在公司工作了一年，表现非常好，客户也很满意，时常在我面前赞美他认真、负责又专业。他也因此很开心，卖力为客户付出更多。

最近他颇为沮丧，活力不再，细问之下才知道这家客户最近换了窗口，来了一位虽资深但想法很多又摆架子的人，也不像之前那位旧客户愿意授权，甚至还嫌他动作慢、不专业。年轻人深受打击，很受挫折，不知如何跟这位新客户相处。

我问他是不是还照以前工作的方式做事，他回答是。他说自己和以前一样卖力、一样认真，甚至更熟悉客户的产品与流程，所以更能得心应手地帮忙对方，但新窗口似乎不在乎这些。我提醒他，这就是重点，“换汤就要换药”，不能再用相同的方式或思维服务不同客户，除非面对的是同一种风格的人。

客户换窗口时，正是业务的关键时刻，不能掉以轻心。我们必须先观察，再用他可以接受的方式服务他，才能算得上是好的客户服务，一味用一成不变的方式服务客户，终将事倍功半。

原来这位新客户是从业务单位调过来的，喜欢社交，当老大，倚老卖老，喜欢人家凡事都要向他请示与报告，不喜欢我们同事太有意见。我跟同事说，如果是这样，你要先试着把他当大哥，他才会接受你。凡事去请教他意见，不能像以前一样做了才报告。因为他与前任窗口最不同的是，他尚未授权给你全权决定。尤其我们在不熟悉的情况下，就先卖专业或教育他，反而引起他的反感与防卫心，倒不如轻松一点，先与他建立友谊，再慢慢顺着他的节奏做事，等待时日，当彼此建立沟通与合作模式时，他会了解我们与他是一个团队。需要给建议时，可以请资深的同事或主管与他对话，才有可能奏效。

当然，对于资浅的同事而言，要给比他资深的大哥建议，难度相当高。所以团队要有人扮演不同的角色。我鼓励同事，既然他想当大哥，就让他有当大哥的感觉，以后就多请教他，让他发表意见，尊敬他，事情就好办多了。当然，不是要卑躬屈膝，也不是事事顺从，而是学习跟不同风格的人相处，学习说服不赞同我们的人。硬戗、硬冲，只会使事情更不可收拾，也不能解决问题。有时暂时先顺着对方的毛梳，让他说出自己的想法，让他愿意提供机会，给预算和舞台，我们才有机会表现，发挥所长。毕竟跟客户生气，过不去，让事情难做，损失更大的是我们自己。

任何事，换个角度想，不要硬碰硬，转个弯再来，其实海阔天空，没那么委屈，没那么气愤。千万别拿别人的情绪来惩罚自己。最坏状况，试过之后若客户还是不合理刁难的话，我们大可以选择离去。

沟通，简单至上

在任何营销或沟通策略上，简单是关键。简单才能使人明白，聚焦才能引人注意。

在担任几次校园创意竞赛的评审工作中，我发现参赛的同学们普遍犯了一个致命错误，就是提案的建议太多，不知割舍，所以变得散乱，没有聚焦。

因为舍不得放弃任何想法，同学们倾巢而出，以至于创意过多，反而失焦，没有重点。加法大家都会，去芜存菁反而才是提案胜出的秘诀。试想，评审在短短的几十分钟中能记住多少？有舍才有得，这是同学们在提案上该学的一堂课。

在任何营销或沟通策略上，简单是关键。简单才能使人明白，聚焦才能引人注意。最后能够得到消费者青睐的，反而是那些简单又易懂的创意。容易被记住的企划都是因为掌握了这个要素，才能迅速被记住。因此提案的精髓，在于将想法去芜存菁，只保留最好的、次好的，其他的统统不要。

只是大部分的人都做不到，因为不忍心砍了自己的原创，最终反倒进退失据，只好交由评审或客户来砍你了。企划人员的成功秘诀就是要学习先消灭自己不够好的点子，一直问还有没有更好的，才能出类拔萃。过程就像削铅笔一样，要反复削减，创意才能越来越尖锐，直中要害！

沟通也是如此，很多人在重要议题上试图解释，却完全没有逻辑可言。听的人吃力，也很容易误解讲者的意思。尤其中国式的沟通方法，总是用“因为……”开头，“所以……”殿后，当“因为”说完之后，对方已经失去耐性，也就不必再“所以”

了。因此长话短说，还要说得完整清楚，真的不简单。

我们在演说或做简报时，都有义务为别人做整理、摘要，否则就是将解释权交给对方。这就像帮助客户安排媒体专访一样，受访者若不懂得掌握主要讯息，很随性地抒发自己的想法时，最后媒体写的专访很有可能跟受访者的预期不一样。讯息重点不要超过三个，三个以上人们容易忘记。所以在重要的提案时，绝对要掌握简单、聚焦的原则，才能被记住。

通常竞赛的第一名团队，都是提出一个很简单的主张与一句标语，论述时就容易使表达聚焦，绕着这个主张提出的分析与建议，只要逻辑分明，就可以赢得评审们的共识，脱颖而出。对于想在提案竞赛中获胜的团队，就该练习舍弃次要的点子，只留下最棒的，让论述一以贯之，逻辑环环相扣，言之有物，才能吸引众人的目光。

说服，不要操纵

说服的初心是诚心为对方好，希望帮助他人，让人心悦诚服地接受或改变，才是使营销如沐春风的一件事。

在我的营销公关职业生涯当中，做的最多的一件事情就是“说服”。不论是贩卖点子及企划案，还是管理的工作，其实本质都是通过说服来影响他人，使人同意或认同。我发现其中三个重点非常关键，那就是“诚信”“同理心”和“逻辑”。

工作上，不论是开会、简报、比稿、与媒体沟通，或与客户聚会，多半都在从事说服的工作，使他人相信我们做得到，使客户愿意拨下预算让我们去实现构想，使伙伴们愿意相信，愿意全力以赴，共同完成目标。所以说，销售的过程就是一种说服的艺术，但说服的背后，最终还是要诚信，要名副其实，结果也要如预期般的可以被检视，被实现，否则会沦落成最不堪的欺骗。

营销学者都说：“全世界上最难的两件事，一是从别人的口袋里掏出银子，另一个是改变他人脑袋瓜里的东西。”营销人却每天都在做这两件事情，可见营销人所从事的是艰巨且需要高度智慧的一件事。但在说服的过程中，最关键的是要以诚信为基础，不做做不到的承诺。同时还必须传递为什么和目标，彼此间的逻辑要能支撑，对方才会了解，才有可能被说服。

尽管如此，也不能因为说服而夸大，讲一些连自己都不相信的话。否则到最后不能实现的时候，不仅信用扫地，被指摘、怀疑的压力也会令我们窒息。我一直相信，说服的初心是诚心为对方好，希望帮助他人，让人心悦诚服地接受或改变，才是营销如沐春风的一件事；不是为了想赚钱而花言巧语，或耍花招，使人一时不察而购买。

我曾经有一次买房子的经验，对一间非常中意的房子出了价，其中有一家中介谎称已经有两位买主，如果出这个价位恐怕很难买到，企图让我加价，这种招数让我非常反感且排斥。但是另外一家中介，表示这个房子之前住的屋主是一位成功且有福分的家庭，他觉得这个房子非常适合我，希望这样好的运势可以随着这个房子带给我。这样的说法让我觉得舒服。虽然后来房子没买成，我对这位销售员印象深刻。因此同理心很重要，要能为对方着想。

说服也要适可而止，否则就变成了强迫推销。在说服的过程，是你邀请对方聆听你的建议，不论对方接不接受或改不改变，决定权不在你，在对方，必须尊重对方的意愿。当对方面露难色时，给他人一点空间思考，不要步步逼近，一再轰炸，退一步闭上嘴，或许对方想清楚后，愿意再找你购买，这时候的意愿会更强。

营销绝不能为了成功而无中生有、加油添醋或操纵信息，让人一时以为没问题，最后却大失所望，使用这样的手段是难有下一次合作机会的。唯有诚心诚意的说服，确实想为对方好，尽心实现所承诺的，才能使合作长长久久。

说服，不要操纵或卖弄，结果更好。

为工作赋予更多乐趣

企业想要留住人才，就必须在工作环境上增加有趣性和适度的挑战性，激发年轻人的留任意愿。

根据调查，薪水虽然重要，却不是年轻人选择工作的首选。这份工作是否有前瞻性、挑战性、有趣，才是年轻人考虑是否加入的主因。

在这种情况下，纵使薪水低一点，年轻人也会愿意选择。所以，企业想要留住人才，就必须在工作环境上增加有趣性和适度的挑战性，才能激发年轻人的留任意愿。

年轻人都希望工作看得到未来，产业有发展性，有升迁、加薪的机会，不是像死水一样不动。最好还要有点挑战性，也就是说，这份工作能有学习的空间。做主管的若能派任比他们现有能力还要多一点困难的工作，激发他们想要达成任务的斗志，他们会更加充满热情地投入。

所谓有趣并不是增加娱乐设施，而是工作本身不要呆板、重复。年轻人希望工作内容有变化，不要太无聊。这也难怪传统的制造业不再吸引年轻人，他们反而纷纷进入辛苦的文创服务业及传播业。

现在的年轻人工作不再只是为了养家糊口，很多人希望找寻有趣的、有成就感的工作，让他们从工作中找到热情，发挥创意。我曾与几位传播业的老板聊过，与其在福利上下工夫，设置免费的咖啡吧、桌球、撞球室、KTV 室之外，最重要的还是创造“乐在工作”的环境，建立一个平台让员工有相互认识、看见与学习的机会，并且放手让他们做一些有挑战性的工作，甚至允许他们犯错。同事们在工作之余自然会增加了解，破除沟通障碍，并培养荣誉感。

我在公司时，就一直思考如何增加工作环境的有趣度，试行过一些做法，成效还不错。譬如每个月的员工大会，让每组团队上台简报当月最好的作品，不同组相互 PK 一下，然后邀请他组主管及跨组参与者给予回馈分享。每个月公司举行福委活动，举办创意生日会，规划各种符合节庆的主题，让寿星们受到关注。还有不定期的户外文艺活动，让员工可以走出办公室，与艺术、文学、运动结合，激发团队的合作、创意的发想、美感的经验等等，都是让员工觉得工作有学习、有乐趣的因子。

通过这些活动，年轻人看到工作不只是工作，知识也不是只有书本或上网，而是自身的体验，就能从快乐的工作环境中激发更多潜能，从中学习和成长。他们也总能举一反三，在原有的活动中加入更多创意，在工作流程中注入更多的想法，比公司原先期望的还要多。只是偶尔需要资深的人稍稍指引一下方向，以免太过天马行空。 在这样的学习型组织中，员工大都能够乐在工作。员工开始对公司的企业文化产生认同感，对组织产生归属感，其实这就是一家有机的企业，会自然地成长，而每位员工都是那双灌溉的手。增加工作的有趣性，建立学习性组织的平台，这才是企业应该给员工的环境。

请不要给我意外

第一时间让主管知道，不仅可以预防危机的发生，主管也有充分时间准备应变，不至于将事件拖到无可挽救的地步。

员工大多都选择跟老板“报喜不报忧”，好事急着说，坏事倾向隐藏不说。因为听到好事老板开心，可以得到赞赏，反之老板不开心，遭到一顿脾气当然不好受。不过，老板可不这么想。

老板真正要的是：不要给我意外。好消息可以说，坏消息一定要在第一时间让我知道，因为我可以多一点时间处理，以免错失了可以弥补的时机。老板想的是，“就算坏消息也让我先知道，免得被别人问起自己还在状况外，面子更挂不住”，偏偏部属都是抢着说好消息，坏消息拖到纸包不住火了才来报告。

当我们听到坏消息的时候，通常会想先把它压下来，然后暗地里希望事情就这么过去了。其实凡走过必留下痕迹，在信息透明的年代，要隐瞒信息越来越不可能，尽可能地预先知会主管有关的坏消息，使他有时间思考应对的方法才是正确做法。虽然老板可能会生气，但总比让他从别人口中听到坏消息或是已经回天乏术才让他承担痛苦要好。让他有时间从容地处理危机，更能给他安全感。

我曾经遇过一位员工，因为提案不够严谨，惹得客户不高兴，客户限期再补充，他却已经请了连续休假，所以就交接给主管。可能又交代不清，主管并没有立即处理，令客户恼怒，打电话跟主管说要见我。可惜主管只想慢慢安抚客户，并没有马上跟我报告，最后客户忍无可忍，直接打来给我的电话竟然直接通知解约，我再如何挽救客户，她就是不愿买单，对公司造成不小伤害，也痛失一个客户。

其实这件事至少有两个关键时刻都来得及挽救，一个是当事人休假时马上补位，一个是客户表示要见我的时刻。可惜这位主管判断错误，以为自己可以处理，没有将工作及时补位，向上反映，适时处理客户的情绪。他低估了客户的愤怒，错过两个最佳的处理时间，使得客户以为我们不在乎，决定不再给机会。真是令人扼腕。

拿破仑曾下令，如有任何坏消息，不论晚上几点都必须唤醒他，好消息可以等到第二天早餐时，正是这个意思。第一时间让主管知道，不仅可以预防危机的发生，让主管有充分的时间准备应变，事情不会拖到无可挽救的地步，而且主管也不至于觉得自己像个傻子，只有被挨打的份。

不要给主管意外，有助于维持业务和组织运作的稳定，也是负责任的表现。虽然天天都会碰到不可预期的事情发生，但是使老板保持信息畅通，才是一个坚强团队的标准做法，可以避免灾难的发生。

你不为部属想，部属就自己想

保持工作的新鲜感就是要不断学习新挑战。倘若公司没有适度给机会或舞台，有企图心的员工自然会往外寻找。

人是喜新厌旧的动物，一旦事情熟悉了，热情就会消失，于是重心便转往下一个有趣的目标前进，人类也是因为这样才不断地进步。但是放在职场上，这却是一件吊诡的事情，最熟练的人才也可能是最想离开的，这是颇让管理阶层的人伤透脑筋的事。

对组织而言，人才训练好了，经过一段时间的磨炼，正是我们做事最驾轻就熟的时候，对组织而言也是最好用、最有产值的时候。对当事人而言，却是瓶颈的开始，开始有了舒适圈的现象，不是不想动了，要不就是正开始要蠢蠢欲动。企业如何能留住人才，此时是个关键时刻，就如同我一位主管说的，“你若不为部属想，他们就会自己胡思乱想”。

于是我就常跟做主管的说，要不断地给部属新“玩具”，否则他们就会自己去找。所谓新的“玩具”就是新的挑战、新的任务。有了新“玩具”，优秀的人才就会有动能，持续成长，他们不会感到无聊，不会觉得生活一成不变，心里感受到上司的关注与肯定，也会持续对公司做出贡献。对主管而言，了解部属的工作能力与心理状态是重要的管理，这样主管才能做出正确的判断与安排。

然而，安排员工新任务也不能随便编派，最好的安排是，比他们能力再稍微难一点点的任务，这样他们觉得有挑战，又不至于难度太高做不到，增加自信心又有学习，是往上一个职务迈进的最好磨炼。

这实在是一件矛盾的事。我们专注地做一件事，日复一日，然后渐渐培养出手感，慢慢成为这一领域的专家，但是一直重复相同的事，倘若变化不大，也容易让人产生倦怠感，失去热情。因此，保持工作的新鲜感就是要不断学习新挑战。倘若公司没有适度给机会或舞台，有企图心的员工自然会往外寻找。

公司曾经有一位员工非常优秀，工作学习很快，在公司一年之后已经非常熟悉活动策划的SOP，三年之后经过升迁已经可以独当一面，为客户所依赖。正当产值最高的时候他却产生了动念，想要转换跑道去学习销售，我在了解之后，请他的主管安排新的任务，让他开始负责一些新的业务，带领一个小团队，负责争取新客户与新案子，我告诉他："新的任务也是另一种形式的销售，尤其在我们这个顾问服务行业，销售最高的境界除了将服务卖出去之外，也要将自己销售出去，唯有你得到客户的认同，才有机会完成销售。"于是他留了下来，找到新"玩具"、新方向，人生又充满了动力继续往前迈进。

是的，做主管的必须帮员工多想一点，关心他们，适时给他们新的挑战、新的学习，才能留住人才。

不怕冲突，大家才敢讲真话

和谐是一种理想状态，大部分组织一旦成长了之后，很难没有冲突。所以健康的组织就应该要塑造不怕冲突的环境。

大多数人喜欢和谐，厌恶冲突。职场上，大家都尽量保持表面的和谐，尽管私底下暗潮汹涌，剑拔弩张，见了面还是伪装着笑脸，所以很多上班族就说：好假！好累！大家装着什么事都没发生，其实心知肚明，只是带了个假面具。到底在组织里应该要维持表面的和谐，还是要掀开压力锅把话说清楚呢？

其实这完全要看组织的氛围，倘若是开放式的组织，就会不怕冲突，敢于说真话，主管也必须是心胸宽广、开明智慧的领导者，才能够面对冲突，协助团队解开心结。反之若是保守，不喜冲突的主管，就会让组织有着表面和谐的假象。

和谐是一种理想状态，大部分组织一旦成长了之后，很难没有冲突。冲突若不解决或是隐忍，就会有误解或是沟通不良的情况产生，组织和谐的气氛自然被破坏。此时领导者的态度就很重要，领导者若是倾向于回避冲突，那么大家也就不敢去碰触问题，久而久之，问题变成不能说的秘密。虽然大家还是维持着表面的关系，但团队默契逐渐淡化，组织裂痕无形扩大，同床异梦，组织效率必定打折扣。所以健康的组织就应该要塑造不怕冲突的环境。

组织不怕冲突，大家才敢讲真话。虽然真话有时很刺耳，但好的领导者不逃避，愿意面对，能够处理，这样组织的氛围才会开放，不歌功颂德。解决冲突是需要勇气和智慧的，有的领导者不具备解决冲突的能力，或越处理越糟，造成劣币驱逐良币，好的人才出走，反而伤害组织。所以好的主管要有勇气面对问题，放下心中好恶，不存任何预设立场，倾听双方立场，才能给予最适当的仲裁，令人服气。处理冲突，必须要有一个最高的价值观为依归，才有可能引导团队放下自我成见，考虑更高思维的利益，同心为目标而努力，否则又回到表面的和谐。

年轻时，曾经因为一个案子跟同事当面起冲突，闹翻了，后来主管知道了，出来协调，不分青红皂白，就说“你们两个人不论发生什么事，现在就给彼此道个歉，出了这个门不准再吵架”。这位主管不针对问题，不做引导，也不仲裁，反而要求形式上的道歉，各打五十大板，可想而知这是不可能让当事人服气的，我和这位同事并没有因为这位主管的调解而和好，反而心中种下更深的间隙。后来是因为有机会再合作，才慢慢将当时的误会解开心结，但这中间已花了两年。

在组织里，仲裁者很重要，尤其在有争议的议题上，主管应该让双方都听到对方的声音，以组织更高的利益为考虑，让双方放弃己见，消弭误解，才能真正解决问题，真正展现领导者的智慧与威望。想要怎样的组织氛围，考验着主管的胸襟与智慧。

我的小鞋盒

卡片、纸条上的手写字迹，是认识一个人特质的管道，也为自己职涯中与他人互动留下记录。

一早进办公室，看到朋友寄来一本书并附上一张小小的卡片。打开一看，充满鼓励与分享的文字跳到眼前，顿时觉得好开心。我把这张小小的卡片再一次咀嚼，谨慎地放在一个小鞋盒里。这是我多年以来收集的“友情维他命”，我很珍惜的收藏。

年轻时在办公室，主管会留纸条交代事情，或是同事给我一张小卡片留言。当时并不以为意，等有了电邮与计算机实时通信之后，能接到纸条或信件的机会越来越少，对于手写的字迹特别有感觉，仿佛见字即见人。因此，我开始有意识地保留这些纸条与卡片。久而久之，变成一个很温暖的角落。

因为不占空间，一个鞋盒大约可以收集两年的纸条与卡片。偶尔翻阅这些文字时，就格外有画面感，见字如见人，很多感觉就回来了。当了主管之后，也养成了留纸条或写卡片给别人的习惯，有的是感谢，有的是提醒，更有的是关心的慰问或心情的分享。

处在网络、数字年代，我们做事都太快、太急了，却忘记了人与人之间最初的状态，忘了等待的美感。现在实时通信时充满缩写、符号、表情，好像多写一个字都嫌麻烦。我特别怀念那个写信的年代，没有计算机、没有手机、没有通讯软件，人与人之间的沟通中有沉潜、有等待、有想象，没有现在的仓促、炫耀、无所遁逃的逼迫感。这些手写字迹，是我认识一个人特质的管道。一张张字条与卡片都包含着职涯中与他人互动所留的记录。

每到圣诞节，总会收到一堆简讯和电子贺卡，渐渐失去了感觉。倘若有一张亲笔寄来、贴上某地邮戳的贺卡，心里一定感动万分，可以慢慢咀嚼寄信人的心情。纵使现代商业上的沟通以电邮、简讯为主，如果希望在人际关系上多点私人的关心与温暖，也不妨试着放弃科技，拿起笔用文字亲手书写，小卡片也好，纸条也好，可以想象收到的人会有多么惊喜愉悦。

随着文创产业的兴起，手写的、文字的、传统的并没有消失，只是换一种形式表达，原来生命需要有时间的厚度去累积，才会丰富。科学彰显了人类的理性，而文学发挥了人类的感性，生命的美好还是要靠这些有感动力的故事传承。举凡有文化、有内容、有人性的，都会越陈越香。人有互动，因此才有了灵魂的触动。

让我们为自己与友情准备一个小盒子，放入生命的感动，以及我们曾经与人互动的痕迹，你会发现生命的丰富度随着小鞋盒数量的累积而增加。

每天丢掉一次『待办清单』

这的确帮助我成为一个有效率的人，虽然事情不见得件件圆满，但至少不会逃避，别人也觉得你是负责任的人。

相信很多人都有这样的习惯，每天下班前，会把明天要做的事情列一张“待办清单”，做完之后就划掉。我也有这样的习惯，每当下班前把所有的清单删完时，也是下班前最快乐、最有成就感的一件事。

上班后才养成这个习惯，逐渐让我做事比较有效率和严谨，就像人生有个目标和方向，每天提醒自己要完成什么，清楚写在上面。因为有时间限制，今日事今日毕，因此就产生了行动力。于是，生活与工作就像滚轮般，持续不断地、有节奏地向前移动。

别看这样一件小事，却是训练自己做事效率及责任感的最佳方式。自从养成习惯后，若没有在下班前将清单上面的项目全删掉，我就很不舒服。于是，我每天都为自己加油，看看下班前能否将计算机前的便利贴删完，丢到垃圾桶，这个动作成了我下班前最开心的一件事。几年之后，说也奇怪，别人就说我是一个超有行动力的人，自己也越来越觉得有成长，真要归功于这个神奇的小秘诀。

当然清单也有做不完或是不想做的时候，最难的不是做不完，而是心里抗拒、最不想做的那一项总是会推到最后。譬如说打电话给某某人，明明是最简单的一件事，却最有压力。可能是个道歉的电话，可能是卖一个点子，预料对方可能会不高兴或拒绝。所以就拖着，到了下班时间还没行动。这个项目删不掉，我就会意识到自己在逃避。

这时候，这个项目就像鬼魅一样，随着下班进入我的生活，挥之不去，干扰我的心情。我得在下班前再加上这一项到明天的待办事项上，仿佛再次提醒我这讨厌的事还没做。因为痛恨这种感觉，于是我告诉自己，绝对不要让旧的事项写超过两次，也就是我只能逃避一天，除非有新的想法或充分理由，否则强迫自己马上做。经过这样的练习，自己也比较有勇气面对困难或是不想处理的事情。

我很清楚，当下该处理却逃避的事情，总会留在心头，影响到生活质量，甚至睡眠。所以，我必须练习“面对问题、处理问题、放下问题”这三步骤。这些练习的确帮助我成了一个有效率的人，虽然事情不见得件件圆满，但至少不会逃避，别人也觉得你是负责任的人。

年纪越长，越能感觉到这个习惯的力量有多么重要。现在，我还是每天有待办清单贴在计算机前，只是它们变成了可爱的文字，督促我每天有新鲜事可以做。

每天都有属于自己的待办清单，重视它、面对它，让它成为成就感的一部分。这个小小的好习惯极有可能改变我们的人生，以及别人对我们的观感。就让它变成习惯，训练我们成为勇于负责、做事有效率的职场工作者吧。

建立爱的支点

所谓爱的支点就是我们的人生支持系统，是可以依赖的对象。平常就要花时间建立这些支持系统，才能及时发生作用。

我非常同意蒋勋说的，人生要多找一些爱的支点。所谓爱的支点就是我们的人生支持系统，是可以依赖的对象。在挫折、失望、彷徨、难过或需要帮助的时候，给我们适时的温暖，让我们有力量站起来，重新面对现实，拥有前进的勇气。爱的支点可以是伴侣、家人，甚至是朋友、同好或同事，这些后援系统能在我们急需时不至于慌乱无章，让我们的人生更充实，拥有温暖的正面能量。

然而，这些支持系统平常要花时间建立，才能及时发生作用。我们在平时就要关心他人，懂得与他人互动。此外，自己的兴趣也要广，不把自己关在舒适圈里，走出去认识人，主动关怀别人，这些耕耘可能在我们需要的时候，连结到我们身上。

我在儿子出生后没多久就开始创业，创业耗费掉的体力和时间超乎想象，所以我几乎不太有时间可以好好照顾小孩。那时，我开始思考如何兼顾家庭与工作，于是我和先生商量在小孩两岁前交给专业的人照顾，因为两岁前，“养”比“教”更重要。跟妈妈商量后，妈妈自愿担任这个角色，弟妹们也愿意帮忙。回想起来，他们都是我当时重要的爱的支点，让我和先生可以用几年时间冲刺工作，出国念完硕士。虽然我和先生是“假日父母”，但我们尽力用下班时间去陪伴小孩，用重“质”的方式取代不能重“量”的遗憾。

儿子上小学后，我的工作持续加重，菲佣和孩子同学的妈妈也担任起后援的角色，解决了我不少问题，避免蜡烛两头烧的窘境。所以，在我紧张忙碌的创业生涯中，小孩能够顺利成长，身旁这些爱的支点扮演了举足轻重的力量，我真的要感谢父母、公婆、先生、兄弟姊妹、菲佣、同事、朋友，没有他们的支持，我无法做好职业妇女的角色。

根据调查，很多压力都来自于人际关系。当我们把这些爱的支点建立起来后，就会觉得人生不再那么辛苦。因为有他们，喜怒哀乐总有人可以分享，喜乐加倍，怒哀减半。

如果爱的支点很少，只能依赖某人，什么事都找他，对对方的需求和期望一定很大，对方也会累。太依赖一个人，不仅让对方压力大，关键时刻也不见得都可以随时待命。所以平常我们就要布建爱的支点，分散依赖和照顾的重量，对这些关心我们，真的分担我们问题的人来说，负荷也不至于太沉重。

爱的支点丰富了我们的人生，也减轻了我们的负担。

写下感恩日记

记下生活中对自己有意义、有价值的片段，有感觉才写，没感觉就不写。这些小小的记录，是我每天安定的泉源，感觉自己正面的能量持续增加。

每个人在成长过程中多少都有写日记的习惯，我还曾经小心翼翼地将日记上锁，以免被爸妈看到。长大后忙于工作，就再也没有这个习惯。但是日子过得很快，一晃眼十年、二十年过去了，除了照片之外，大概只有看到日记才有深刻的记忆，其余的就越来越模糊。于是我决定再重拾日记，让自己对心情有更深的体会，让记忆有更多的沉淀。

有回看到一本书，介绍写感恩日记的好处，也想试着做做看。书中说每天回忆一件好事记下来，怀着感恩的心睡着，心里会充满喜乐，人生会变得快乐、有意义。我想试试看，但不想写流水账，而是想要记下生活中对自己有意义、有价值的片段，有感觉才写，没感觉就不写。

于是，写下的日记简单到有时只是一个想法，有时是一个感动，更有时只是对话，记得那个心底触动的片刻。一天做一次检视，只需在临睡前随手记录下来，没有任何压力。所以，现在写日记对我而言，反而是睡前一件安定心情的仪式。

开始这样练习以后，就发现好处多多。每天睡前我可以稍稍对当天做过的所有事情“倒带”一遍，想想有没有令我触动的事情，不管好的坏的，都用感恩的心情来看待。就算真有不好的事情发生，也都练习转换成感恩的心情来思考。久而久之，越来越知道怎么更正面、积极地看待人生，懂得欣赏身旁人的优点。这样也使我乐观以待，越来越快乐。

翻翻以前记下来的短言，感觉到了自己的改变。譬如“今天的一场大雨，虽然被淋得有些措手不及，但是想想台北市的干旱和缺水问题终于可以得到纾解，心里还是觉得值得”，还有“今天与 K 的一席谈话，我觉得收获更多的是我。他让我了解，其实年轻人要的往往只是一个肯定和眼神”，或是“今天跟好久不见的老客户碰面，发现她成长了，我自己也成长了。我们不像年轻的时候针锋相对、各持己见。能够看见对方的优点，还有成长的轨迹，真是快乐的一件事”。

短短的感言及反省，凡事正面看待，收获最大的是自己，每天都觉得安定与满足。这些小小的记录，让我感觉自己正面的能量在增加。这个习惯伴随我才一年的时间，我就发现自己的观察变细微了，自省变多了，较会赞美别人，欣赏美的事物。这也形成了正面的循环。由于希望自己在睡前真的有一件好事可以感恩，想要把每一天过好的念头就变得强烈，这也是一种很棒的收获。

一个点子、一个念头，就可以改变我们的心态与行为。让自己练习用正面、感恩的心面对工作与生活，给自己一个理由做点有意义的事，每天都带着微笑睡去吧。

学习减法

人生的韵律自有一定的节奏，太快，无法细细品味，太多，不会珍惜。

人性是贪婪的，大部分人都善于加法，尤其对物质的欲望、渴求越多越好。一般人很难拒绝唾手可得的东西，总觉得天上掉下来的礼物，不要白不要。但是我们的空间与时间有限，可能消化不了这么多的“余额”，所以加法渐渐反而成了我们的负担，使我们的人生变得复杂、不快乐。

回顾我创业以后，为了业绩，就承接更多的生意；为了得到好名声，就来者不拒做更多服务；为了更大的成就感，就将行事历排得满满的。我渐渐喘不过气，会议越排越多，案子越接越多，然后在补偿心态作祟下，为了补偿自己的辛苦，东西越买越多，却越来越不快乐，心情越来越累，也越来越没有自己。

原来，有限的时间满足不了无穷的欲望。我们以为能力可以解决问题，以为意志力可以消弭疲惫，以为人定胜天，可惜都只是一时的假象。直到有一天，我们发现事情并不如想象的那样，白忙一场，累了、输了，于是开始思考加法不全然是对的。

现在，我开始学习减法人生，享受“慢”的乐趣。以前我总将行事历排得满满的，空档总让我觉得没有安全感，让我不知所措。现在我懂得留白，懂得放空。每星期一定要留一天给自己独处，学习与自己对话，学习“无聊”的感觉，进而体会自身的焦虑与惶恐是什么。我现在懂得拒绝，做不到的不会答应，也不会硬撑，东西少一点没关系，需要再买。朋友少一个没关系，谈得来比较重要。没事干也无所谓，正好可以好好看看书。应酬少一点更好，身体比较健康。

减法的人生让我开始注意到以前未曾注意的东西。吃东西不再囫囵吞枣，细细品尝美味在舌尖停留的味道，咀嚼次数变多，我开始知道什么叫美食。旅行不再匆匆掠过，懂得停留，懂得赞叹，于是我能享受到的美景就越来越多。工作少一点，将舞台让给年轻人，自己反而轻松。与人的互动，没有目的性，大家都悠然自在。我珍惜当下，学习聆听，欣赏不同个性的人，真正的朋友反而变多了。

原来，人生的韵律自有一定的节奏，太快，无法细细品味，太多，不会珍惜。不同年纪，可能有不同的体会。年轻的时候急着学“加”，等到“有”了，却发现买不到最初的快乐。于是开始学减法，减法或许是人生冲过头后的一种反思，希望这个反思可以带给人平静、安宁、单纯。

现在慢活正夯，难怪“世界越快，心则慢”。

投入，享受

心态是对的，尽管工作很辛苦，也不会觉得委屈。一旦拥有可以快乐的能力，自然也会感染他人，快乐会加倍。

在演讲时，最常被问到的问题是：如何做好工作与生活和家庭的平衡？看起来对大多数的上班族，尤其女性而言，这是一个满困扰的问题，大家都在工作与生活中摆荡，好似顾了工作就没了生活，顾了生活就工作不力，平衡真不是件容易的事。身为上班族和妻子、母亲的多重角色，我的秘诀是乐在工作，并且多爱自己一点。

很多人以为工作与生活之间一定要有一条线，井水不犯河水，这样才符合平衡原则。有时候工作和生活是很难切割的，你有可能在六点下班时间一到，就下班休息，头脑净空，不再思考工作的事吗？时间或许可以切割，身体也可以离开，可是脑袋瓜子若还挂记着没做完的事，不如不休息。或是好不容易争取休假，但每天玩乐，久了也觉得无趣了，就像退休的人，突然觉得没事做，也同样不平衡。

这就是人性，想要有工作做又不想太忙，想要生活又不真的好好活着。所以我从不刻意切割工作和生活，我知道其实真实的人生，工作中有生活，生活中有工作，起起伏伏，而且喜怒哀乐统包，全混在一起。

成功的人都是乐在工作，他们总是尽情工作也尽情生活。成功的人可能从来没去考虑平不平衡的问题，他们知道平衡点不是永恒的，也不会永远在那里。它是动态的，与心情和工作质量相关。平衡是种心态问题，绝不是少做一些事或是轻松工作就平衡了，最重要的还是你得到成就感，努力得到报偿，就相对觉得平衡了。所以“投入”才是重点，因为投入，所以认真，这时你很专注，没有杂念，享受当下的“活动”。此时平衡在你心中早不是问题。

找份自己喜欢的工作，积极投入，之后再累也不以为苦。你会跟这家企业的文化、人脉、目标结合，然后很享受每一天的学习成长，就算身体累了，只要休息几天又充满能量，蓄势待发。反之，若你在做一份自己不喜欢的工作，那么再怎么轻松，还是觉得度日如年，所以关键不在于工作时间的长短，而是心境的转换。工作快不快乐绝对影响生活，当工作愉快了，生活绝对不会太糟。所以先处理工作的心态吧。

生活层面的平衡则相对容易，多培养兴趣，多爱自己一点。爱自己的人自然会拥有快乐的能力，譬如旅行让你快乐，你会忙里偷闲去享受旅行的快乐；做菜烧饭会让你快乐，你会乐意下厨与朋友分享。许多人问我，你这么忙，为什么还可以去学画画、书法、钢琴等这么多的课程，我说因为我享受啊！当我忙着享受自己喜欢做的事时，根本没有时间去烦恼、忧郁，在做这些事的当下我是快乐的。

能让自己快乐的事就去做，奖励自己，自得其乐的幽默感一定要有。当心情愉快时，自然不会觉得生活不平衡，顶多稍稍挪出时间观照自己的需求即可。

心态是对的，尽管工作很辛苦，也不会觉得委屈。一旦拥有可以快乐的能力，自然也会感染他人，快乐会加倍。身体的疲惫休息一两天就回来了，精神上的疲惫与无奈才是生活的杀手。

“投入，享受手上所拥有的，才是生活平衡的第一步。”